♪毎日のドリル♪ 勉強管理アプリ

「毎日のドリル」シリーズ専用、スマートフォン・タブレットで使える無料アプリです。「毎日のドリル」シリーズすべてを管理でき、学習習慣が楽しく身につきます。

1 「毎日のドリル」の学習を徹底サポート！

目標時間を意識しよう！

- 毎日の勉強タイムをお知らせする[タイマー]
- かかった時間を計る[ストップウォッチ]
- 勉強した日を記録する[カレンダー]
- 入力した得点を[グラフ化]

これはやる気が でるうさぎ！

2 キャラクターと楽しく学べる！

好きなキャラクターを選ぶことができ、勉強をがんばるとキャラクターが育ち、「ひみつ」や「クイズ」が増えます。

3 1冊終わると、ごほうびがもらえる！

ドリルが1冊終わるごとに、賞状やメダル、称号がもらえます。

4 漢字と英単語のゲームにチャレンジ！

自己ベスト更新目指そう！

ゲームで、どこでも手軽に、楽しく勉強できます。漢字は学年別、英単語はレベル別に構成されており、ドリルで勉強した内容の確認にもなります。

アプリの無料ダウンロードはこちらから！
https://gakken-ep.jp/extra/maidori/

【推奨環境】
■各種Android端末：対応OS Android6.0以上
■各種iOS（iPadOS）端末：対応OS iOS10以上

※対応OSであってもIntel CPU (x86 Atom)搭載の端末では正しく動作しない場合があります。※対応OSや対応機種については、各ストアでご確認ください。

※お客様のネット環境および携帯端末によりアプリをご利用できない場合があります。当社は責任を負いかねます。

また、事前の予告なく、サービスの提供を中止する場合があります。ご理解、ご了承くださいますようお願いいたします。

10分 目標 月 日 点 得点

寸
読み方　音 スン　訓 ―
使い方　寸法　寸前　寸分　寸劇　寸断　採寸
部首 寸（すん）
書こう 寸
3画　一十寸

尺
読み方　音 シャク　訓 ―
使い方　一尺　尺度　巻き尺　縮尺　尺八
部首 尸（しかばね）
書こう 尺
4画　コフ尸尺

穴
読み方　音 （ケツ）　訓 あな／あける
使い方　節穴　風穴　横穴　大穴　ほら穴
部首 穴（あな）
書こう 穴
5画　丶宀宀穴穴

針
読み方　音 シン　訓 はり
使い方　方針　針葉樹　長針　秒針　針金　針仕事
部首 金（かねへん）
書こう 針
10画　ノ人人全全金金金針針

---

1 □に漢字を書きましょう。
一つ4点【40点】

① 発車□□（すんぜん）の時刻。
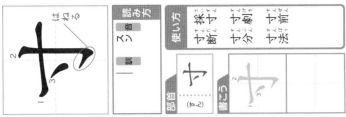

② □□（すんぽう）を測る。

③ □□（いっしゃく）の長さ。

④ 巻き□（じゃく）を使う。

⑤ くつ下に□（あな）があく。

⑥ 板の□□（ふしあな）。

⑦ がけの□□（よこあな）。

⑧ 時計の□□（びょうしん）。

⑨ 教育の□□（ほうしん）。

⑩ □□（はりがね）を曲げる。

「寸」と「尺」は、昔の長さの単位で、「一寸」は約三センチメートル、「一尺」は約三十センチメートルだよ。

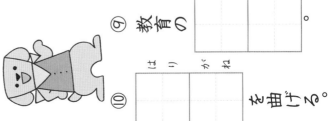
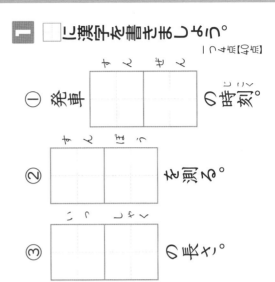
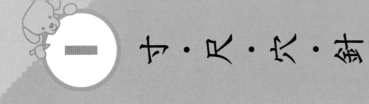
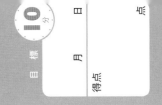

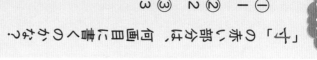

クイズ
「す」の赤い部分は、何画目に書くのかな？
① 1
② 2
③ 3

「ジュモク」は、「樹」のように形がともなうものをさします。

2 □にあてはまる漢字を書きましょう。

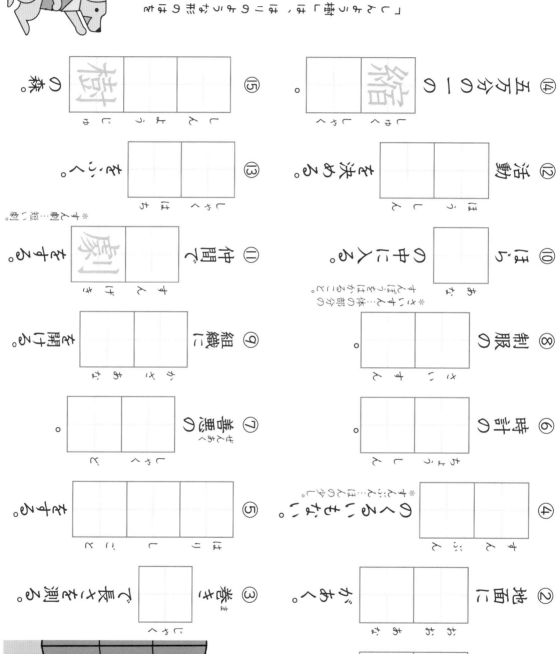

① 道路が□□される。

② 地面に□□□がある。

③ □□で長さを測る。（まき）

④ □□のような□□になること。
　＊ものごとがひっくりかえること。

⑤ □□□をする。

⑥ 時計の□□。

⑦ 善悪の□□。

⑧ 制服の□□。
　＊「すそ」は体の部分のこと。

⑨ 組織に□□する。

⑩ □□らの中に入る。
　＊「こ」も「たん」も体の部分のこと。

⑪ 仲間で□□をする。
　＊「簡」は「短い」の意。

⑫ 活動□□を決める。

⑬ □□□をつく。

⑭ 五分の一の□□。

⑮ □□□の森。

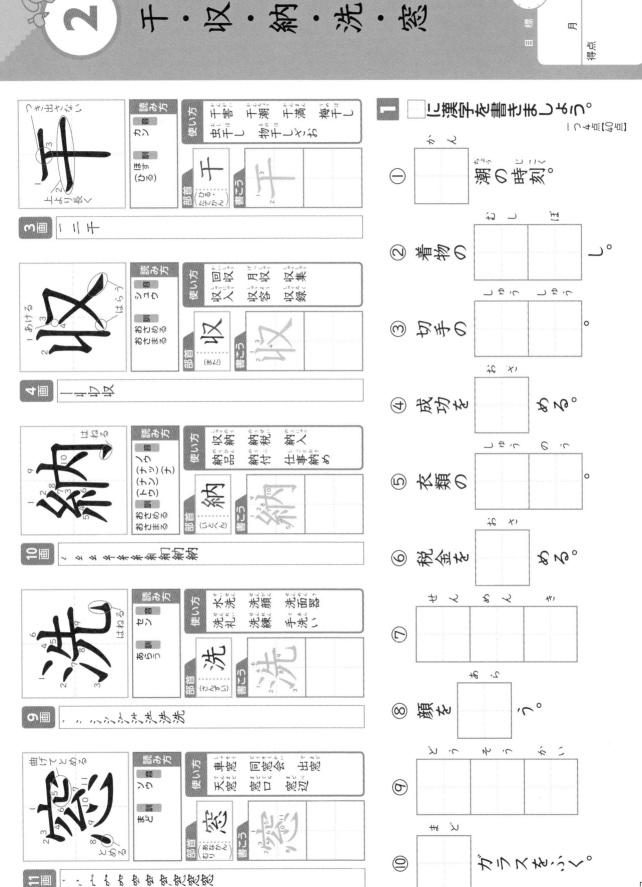

干・収・納・洗・窓

目標 10分

月　日　点

得点

干

読み方
音　カン
訓　ほす・ひる

使い方
虫干し　干潮　干満　梅干し
物干しざお　干し書

部首　一（いち・いっかん）

書こう　干　干

3画　一 二 干

収

読み方
音　シュウ
訓　おさめる・おさまる

使い方
収入　回収　月収　収集
収容　収録

部首　又（また）

書こう　収　収

4画　丿 収 収

納

読み方
音　ノウ（ナッ）（ナ）（トウ）
訓　おさめる・おさまる

使い方
納める　収納　納税　納入
納め　納付　仕事納め

部首　糸（いとへん）

書こう　納　納

10画　く幺幺糸糸糸糸 納 納 納

洗

読み方
音　セン
訓　あらう

使い方
洗う　水洗　洗練　洗顔　洗面器
礼洗　手洗い

部首　氵（さんずい）

書こう　洗　洗

9画　丶 氵 氵 汁 汁 汫 洗 洗

窓

読み方
音　ソウ
訓　まど

使い方
窓　天窓　窓口　同窓会　車窓
出窓　窓辺

部首　穴（あなかんむり）

書こう　窓　窓

11画　丶 ハ ウ 穴 穴 空 空 窓 窓 窓 窓

1 □に漢字を書きましょう。
[一つ4点/40点]

① □（かん）潮の時刻。

② 着物の□□（おしぼり）。

③ 切手の□□（しゅうしゅう）。

④ 成功を□（おさ）める。

⑤ 衣類の□□（しゅうのう）。

⑥ 税金を□（おさ）める。

⑦ □□□（せんめんき）。

⑧ 顔を□（あら）う。

⑨ □□□（どうそうかい）。

⑩ □（まど）ガラスをふく。

7

クイズ　「窓」の部首は、どれかな？
① (にくづき)　② (あなかんむり)　③ (うかんむり)

3 ──の言葉を、漢字と送りがな（　）に書きましょう。　1つ5点【15点】

① 茶わんをあらう。
（　　　　　　）

② 本だなに全ての本がおさまる。
（　　　　　　）

③ 注文の品が期限までにおさまる。
（　　　　　　）

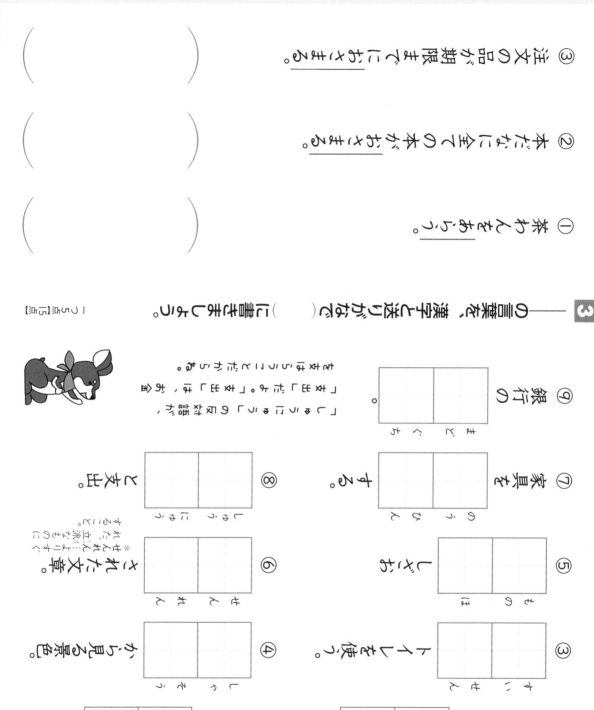

※それぞれた文章
*それぞれた立派な旅人の…文章。

2 □にあてはまる漢字を書きましょう。　1つ5点【45点】

① きゃくの□□かいしゅうする。

② 会費を□□のうにゅうする。

③ ノートをしんぴつ使う。

④ □□しゃそうから見る景色。

⑤ □□ほのもうを使う。

⑥ □□せんれん文章。

⑦ 家具を□□のうひんする。

⑧ □□しゅうにゅうと支出。

⑨ 銀行の□□とどまき。

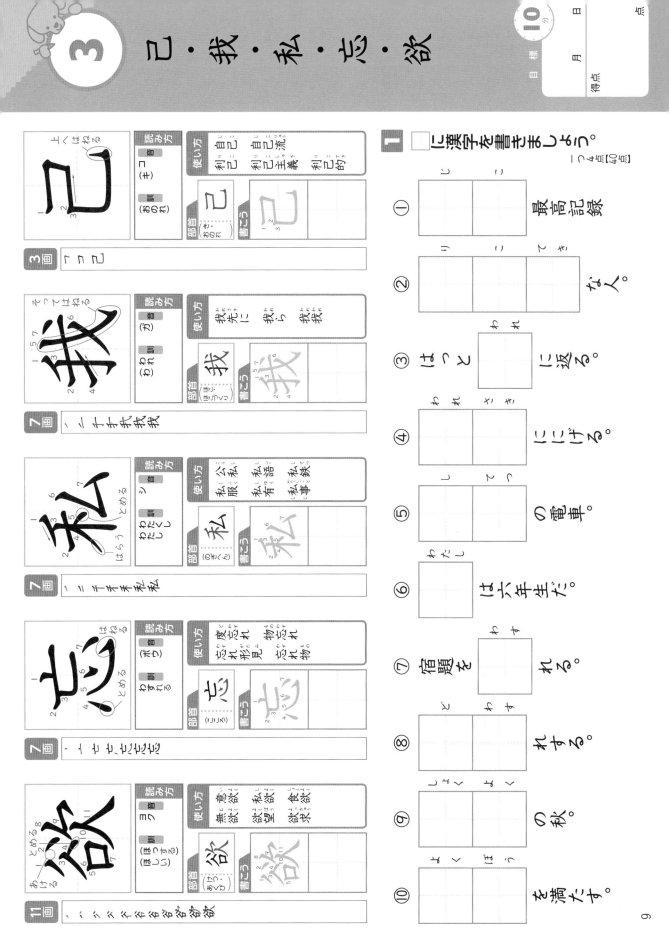

3 己・我・私・忘・欲

己
読み方　音 コ（キ）　訓 （おのれ）
使い方　利己的　自己流　利己主義　利己的
部首 （おのれ）
3画　フ コ 己

我
読み方　音 ガ　訓 われ・わ
使い方　我先に　我ら　我我
部首 （ほこづくり）
7画　ノ 二 チ 于 手 我 我

私
読み方　音 シ　訓 わたくし・わたし
使い方　公私　私服　私有　私語　私事
部首 （のぎへん）
7画　ノ 二 チ 千 禾 私 私

忘
読み方　音 ボウ　訓 わすれる
使い方　度忘れ　忘れ形見　忘れ物
部首 （こころ）
7画　ノ 一 亡 亡 亡 忘 忘

欲
読み方　音 ヨク　訓 （ほっする）（ほしい）
使い方　無欲　欲望　私欲　食欲
部首 （あくび）
11画　ノ 八 八 公 谷 谷 谷 谷 欲 欲 欲

1 □に漢字を書きましょう。
一つ4点【40点】

① じこ　最高記録

② りこてき　な人。

③ はっと　われ　に返る。

④ われさき　ににげる。

⑤ してつ　の電車。

⑥ わたし　は六年生だ。

⑦ 宿題を　わす　れる。

⑧ どわす　れする。

⑨ しょくよく　の秋。

⑩ よくぼう　を満たす。

クイズ
「己」は、何画で書くのかな？
① 2画　② 3画　③ 4画

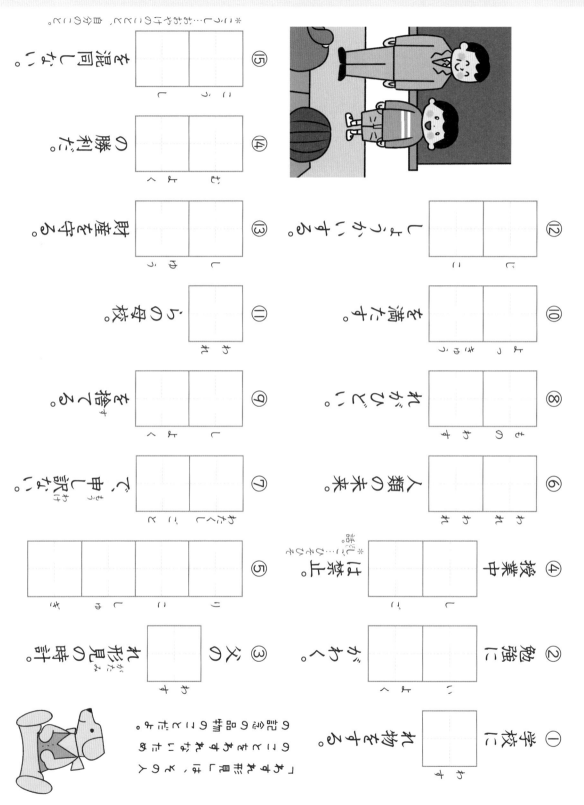

2　□にあてはまる漢字を書きましょう。　1つ4点【60点】

① 学校に□（わす）れ物をする。

② 勉強に□□（むちゅう）になる。

③ 父の□□（かたみ）の時計。

④ 授業中は□□（しご）禁止。
※話し合い…だめ

⑤ □□□□（りこしゅぎ）

⑥ □□（われわれ）人類の未来。

⑦ □□（たいへん）で、申（もう）し訳（わけ）ない。

⑧ □□（ものわす）れがひどい。

⑨ □□（しよく）を捨てる。

⑩ □□（よくぼう）を満たす。

⑪ □（われ）らの母校。

⑫ □□（じこ）しょうかいをする。

⑬ □□（しゆう）財産を守る。

⑭ □□の勝利だ。

⑮ □□（こうし）を混同しない。
※「己」は…おのれのいみ、自分のこと。

※「形見」とは、なくなった人の思い出になる記念の品物のことだよ。見たことがない人は、おうちの人にどんなものか、たずねてみよう。

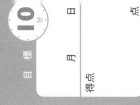

幼

読み方
音 ヨウ
訓 おさない

使い方
幼虫
幼少
幼なじみ
幼児
幼子

部首 (ちからがしら)

書こう 幼

5画 〱 纟 纺 幼 幼

供

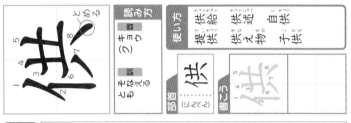

読み方
音 キョウ（ク）
訓 そなえる・とも

使い方
提供
供給
供える
供述
自供
供え物
子供

部首 (にんべん)

書こう 供

8画 〱 亻 亻 仕 供 供

若

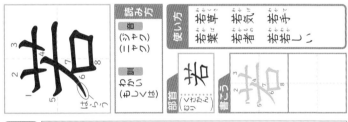

読み方
音 ジャク（ニャク）
訓 わかい・もしくは

使い方
若草
若気
若手
若葉
若者
若々しい

部首 (くさかんむり)

書こう 若

8画 一 十 艹 艹 芏 若 若 若

姿

読み方
音 シ
訓 すがた

使い方
姿勢
勇姿
容姿
後ろ姿
姿見
晴れ姿

部首 (おんな)

書こう 姿

9画 〱 冫 次 次 姿 姿 姿

「姿」は、「次の女の姿がすがたが見えないぞ。」と覚えよう。

---

1 □に漢字を書きましょう。
一つ4点【40点】

① とんぼの［よう　ちゅう］。

② ［おさな　い］の笑い声。

③ ［おさな］なじみの人。

④ 食料の［きょう　きゅう］。

⑤ 仏前に花を［そな］える。

⑥ 数人の［こ　ども］。

⑦ ［わか　て］の社員。

⑧ ［わか　わか］しい声。

⑨ ［し　せい］を正す。

⑩ 母の後ろ［すがた］。

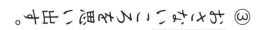

クイズ

「若気」は、何と読むのかな？
① わき ② わかげ ③ わけ

---

3 ——の言葉を、漢字と送りがな（　）に書きましょう。 1つ5点【15点】

① 母は、父より三つ わかい。
（　　　　　）

② お墓に花を そなえる。
（　　　　　）

③ おさない ころを思い出す。
（　　　　　）

---

2 □ にあてはまる漢字を書きましょう。 1つ5点【45点】

① 日本の選手の □□（ゆうしょう）。
*世界大会などに出場する選手のこと。

② 場所を □□（いてん）する。

③ 公園の木々の □□（わか）ば。
*芽を出したばかりの葉。

④ □□（こども）向けの番組

⑤ 整った □□（ようし）の人。

⑥ □□（わかもの）がたがいに語る。

⑦ 犯行を □□（じはく）する。
*犯行などを自白すること。

⑧ 優勝力士の晴れ □（すがた）。

⑨ □□（のこ）るの写真。

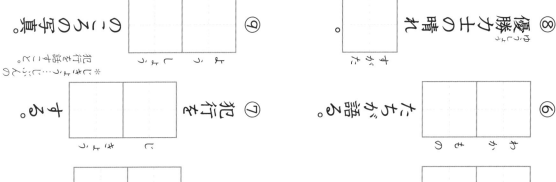

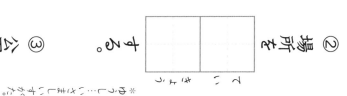

5 かくにんテスト①

1 □にあてはまる漢字を書きましょう。　1つ4点【40点】

① ［わたし］の自転車。

② ［こ］［ども］料金をはらう。

③ ［う］［め］しを食べる。

④ ［の］［う］［ぜい］の義務。
＊のうぜい…ぜい金をおさめること。

⑤ ほら［お］［な］を探検する。

⑥ ［わ］［く］［さ］の上に寝転ぶ。

⑦ 洋服の［す］［ん］［ぼう］を測る。

⑧ テレビ番組の［しゅう］［ろ］［く］。

⑨ ［よ］［く］［ぼう］をおさえる。

⑩ ［じ］［ゆう］［りゅう］で泳ぐ。
＊じゆうがた…じゆうな泳ぎ方。

2 ──の言葉を、漢字と送りがなで（　）に書きましょう。　1つ4点【12点】

① ハンカチをあらう。　（　　　　　　）

② おさない妹と遊ぶ。　（　　　　　　）

③ 店にかさをわすれる。　（　　　　　　）

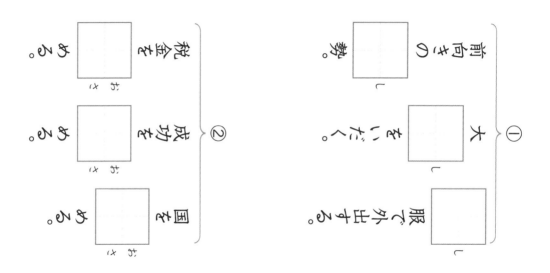

5 □に同じ読み方で意味のちがうように漢字を書きましょう。 1つ3点【8点】

① 前向きの □ 勢。
大 □ をつく。
□ 服で外出する。

② 税金を □ める。
成功を □ める。
国を □ める。

4 ——の漢字の読みがなを書きましょう。 1つ3点【12点】

① 針金を使う。（　）
方針を立てる。（　）

② 出窓に花を置く。（　）
父の同窓会の写真。（　）

3 ——の漢字の読みがなを書きましょう。 1つ3点【8点】

① 我を忘れてアニメを見る。（　）
※我を忘れる…物事に気を取られて、夢中になる。

② 巻き尺で長さを測る。（　）

③ 幼児教育の本。（　）

④ 仏前に花を供える。（　）

⑤ 朝起きて洗顔する。（　）

⑥ 若い二人の恋心。（　）

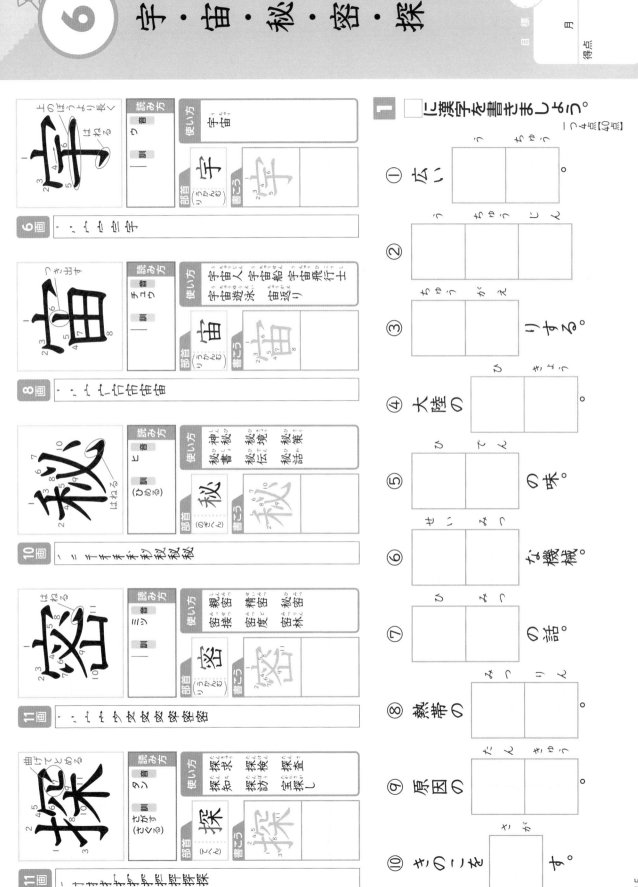

字

読み方
音　ウ
訓

使い方
宇宙

部首　宀（うかんむり）

6画　　ノ　、　宀　宀　字　宇

宙

読み方
音　チュウ
訓

使い方
宇宙　宇宙人　宇宙船　宇宙飛行士
宇宙遊泳　宙返り

部首　宀（うかんむり）

8画　　ノ　、　宀　宀　宀　宙　宙　宙

秘

読み方
音　ヒ
訓　（ひ）める

使い方
神秘　秘境　秘策
秘書　秘伝　秘話

部首　禾（のぎへん）

10画　　ノ　二　千　チ　禾　利　秋　秋　秘

密

読み方
音　ミツ
訓

使い方
親密　精密　秘密
密接　密度　密林

部首　宀（うかんむり）

11画　　ノ　、　宀　宀　宀　灾　灾　灾　灾　密　密

探

読み方
音　タン
訓　さがす　（さぐ）る

使い方
探知　探訪　宝探し
探求　探検　探査

部首　扌（てへん）

11画　　一　十　扌　扌　扛　护　押　押　探　探　探

---

1 □に漢字を書きましょう。

一つ4点【40点】

① 広い □□ （うちゅう）。

② □□□ （うちゅうじん）

③ □□ （ちゅうがえ）りする。

④ 大陸の □□ （ひきょう）。

⑤ □□ （ひでん）の味。

⑥ □□ （せいみつ）な機械。

⑦ □□ （ひみつ）の話。

⑧ 熱帯の □□ （みつりん）。

⑨ 原因の □□ （たんきゅう）。

⑩ むりこを □（さが）す。

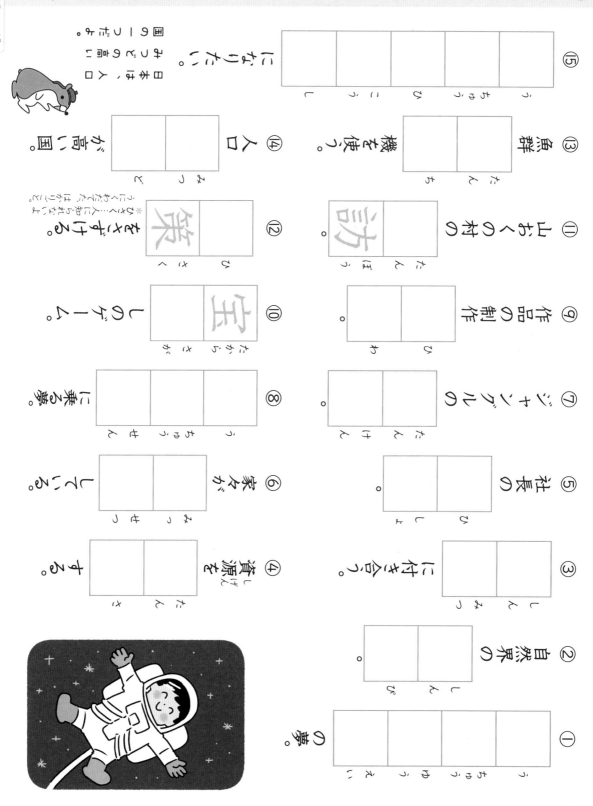

クイズ

「郵」の赤い部分は、何画目に書くのかな？

③ 7
⑥ 5 ②
① 5 ②

---

2 □にあてはまる漢字を書きましょう。 1つ4点【60点】

① ＿＿＿＿＿の夢
（こう・くう・ひ・こう・し）

② 自然界の＿＿
（ほう・そく）

③ ＿＿に村人が集う。
（し・ん・じ）

④ 資源を＿＿する。
（し・げん・たん・さ）

⑤ 社長の＿＿。
（ひ・しょ）

⑥ 家々が＿＿している。
（み・つ・しゅう）

⑦ ジャングルの＿＿。
（たん・けん）

⑧ ＿＿＿に乗る夢。
（う・ちゅう・せん）

⑨ 作品の制作＿。
（ひ）

⑩ ＿＿＿のゲーム。
（たから・さが）宝

⑪ 山おくの村へ＿＿。
（た・ほう・もん）訪

⑫ ＿＿葉がふる。
（ひ・よう）葉
※「ひよう」は、この漢字…さがしてみよう、いろいろ。

⑬ 魚群＿＿機を使う。
（たん・ち）

⑭ 人口＿＿が高い国。
（みつ・ど）

⑮ ＿＿＿＿＿になった。
（う・ちゅう・ひ・こう・し）
日本人で、宇宙の高さへ初の国になった。

10分

月　日
得点　　　点

亡

読み方
音 ボウ（モウ）
訓 （ない）

使い方
亡国 興亡
死亡 亡命
亡命 待つ

部首 なべぶた

3画 一　亠　亡

舌

読み方
音 ゼツ
訓 した

使い方
舌打ち
舌つづみ
舌先
舌を巻く
舌足らず

部首 した

6画 一　二　干　千　舌　舌

乱

読み方
音 ラン
訓 みだれる・みだす

使い方
乱雑 一心不乱
乱入 乱暴
乱れる 反乱

部首 おつ・おつにょう

7画 一　二　千　舌　舌　乱

呼

読み方
音 コ
訓 よぶ

使い方
呼び声 呼応
呼び水 点呼
呼び物 連呼

部首 くちへん

8画 丨　口　呣　呼

吸

読み方
音 キュウ
訓 すう

使い方
吸入 吸引
呼吸 吸収
吸い物 吸着

部首 くちへん

6画 丨　口　吟　吸

---

1 □に漢字を書きましょう。
一つ4点【40点】

① 国の［こうぼう］。

② ［しぼう］事故

③ ［したう］ちする。

④ ［した］を巻く。

⑤ ［らんざつ］な部屋。

⑥ 気持ちが［みだ］れる。

⑦ 本日の［よ］び物。

⑧ 水を［きゅうしゅう］する。

⑨ ［こきゅう］を整える。

⑩ 大きく息を［す］う。

17

答え ▶ 105ページ

クイズ
「吸」は、何画で書くのかな？
① 5画 ② 6画 ③ 7画

3 ──の言葉を、漢字と送りがな（　）に書きましょう。 1つ5点【15点】

① 友達の名前を＿＿＿。
（　　　　　　）

② 朝の空気を＿＿＿。
（　　　　　　）

③ 冷えて体調を＿＿＿。
（　　　　　　）

2 □にあてはまる漢字を書きましょう。 1つ5点【45点】

① 頭が□□する。
　（こ・ん・ら・ん）

② □□話し方。
　（し・た）

③ □□にいる。
　（ほ・う・め・い）

④ 人員を□□する。
　（て・ん・け・ん）

⑤ 外国へ□□する。
　（ぼ・う・め・い）

⑥ 酸素を□□する。
　（きゅう・しゅう）

⑦ □□な言葉づかい。
　（じ・ょ・う・ひ・ん）

⑧ 料理に□しこむ。
　（だ・し）

⑨ 古代王国の□。
　（ほ）
＊「ほろ…ほろびる」とかくよ。

18

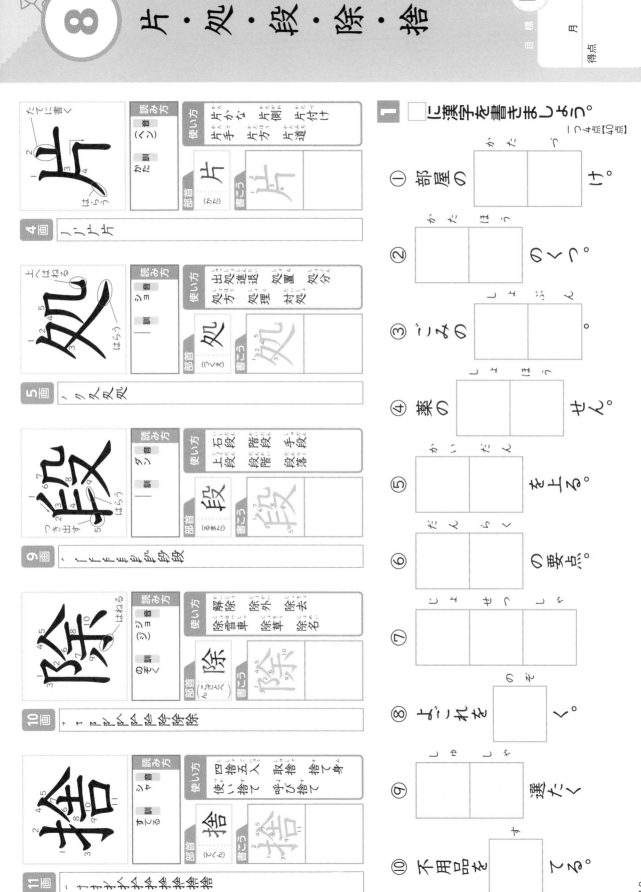

1　□に漢字を書きましょう。
一つ4点【40点】

① 部屋の [　かた　づ　] け。

② [　かた　ほう　] のくつ。

③ ごみの [　しょ　ぶん　] 。

④ 薬の [　しょ　ほう　] せん。

⑤ [　かい　だん　] を上る。

⑥ [　だん　らく　] の要点。

⑦ [　じょ　せつ　しゃ　] 。

⑧ よごれを [　のぞ　] く。

⑨ [　しゅ　しゃ　] 選たく。

⑩ 不用品を [　す　] てる。

19

2 □にあてはまる漢字を書きましょう。

一つ5点【50点】

① 警報(けいほう)が □□(かいじょ) される。

② けが人の応急 □□(しょち)。

③ 道の □□(かたがわ) を歩く。

④ □□(だんかい) をふむ。

※だんかい…物事の進む順序。

⑤ 障害物(しょうがいぶつ)を □□(じょきょ) する。

⑥ 調査の □□(しゅだん)。

⑦ □(かた) かなを書く。

⑧ 仕事を □□(しょり) する。

⑨ 神社の □□(いしだん)。

⑩ 小数点以下を □□□□(ししゃごにゅう) する。

「かいじょ」は、禁止・制限などを取り消して、元にもどすことだよ。

3 ——の言葉を、漢字と送りがなで（　）に書きましょう。

一つ5点【10点】

① 紙くずをすてる。（　　　）

② バケツの水からごみをのぞく。（　　　）

クイズ

「捨」の部首は、どれかな？

①へ（ひとやね）　②口（くち）　③扌（てへん）

答え ▶ 106ページ

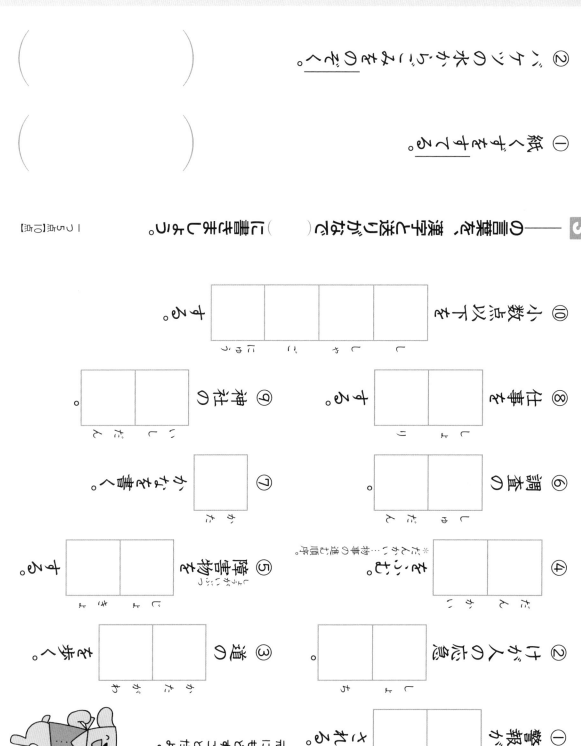

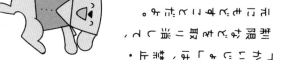

目標 10分　月　日　点

得点

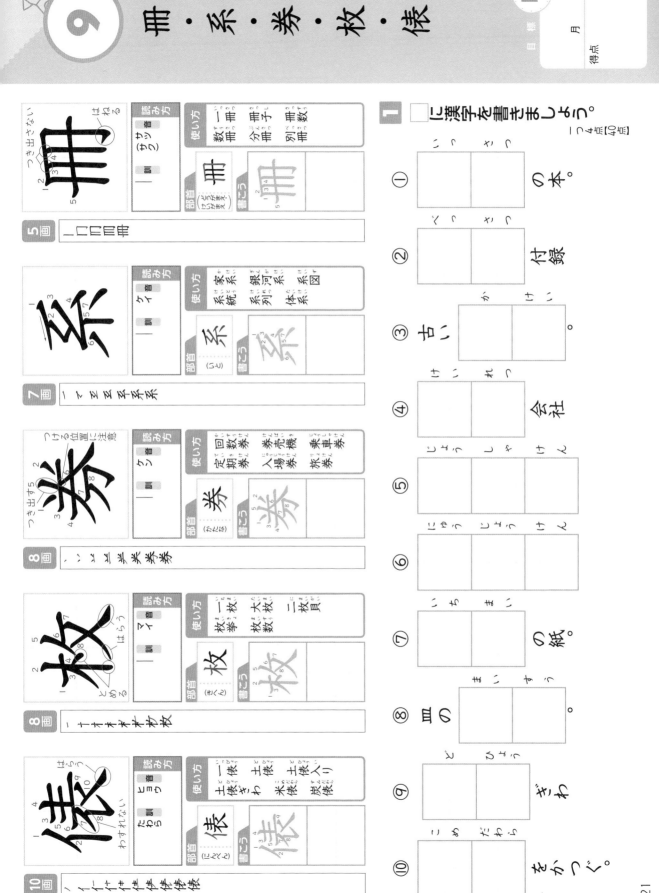

冊

読み方
音　サツ（サク）
訓

使い方
一冊
数冊・冊子
分冊・冊子
列冊・冊数

部首　けいがまえ

5画　｜ 冂 冂 冊 冊

系

読み方
音　ケイ
訓

使い方
家系・系統
銀河系・系列
体系・系図

部首　いと

7画　｜ ｒ 互 互 亙 系 系

券

読み方
音　ケン
訓

使い方
定期券・回数券
入場券・券売機
旅券・乗車券

部首　かたな

8画　｜ ｀ ｙ 关 关 券 券

枚

読み方
音　マイ
訓

使い方
枚挙・一枚
枚数・大枚
二枚・枚数員

部首　きへん

8画　｜ 一 十 木 朮 杉 枚 枚

俵

読み方
音　ヒョウ
訓　たわら

使い方
土俵ぎわ・一俵
米俵・土俵入り
炭俵

部首　にんべん

10画　｜ 亻 仁 仕 佳 佳 俵 俵 俵

1 □に漢字を書きましょう。

一つ4点【40点】

① ［　　　］の本。（さっすう）

② ［　　　］付録（べっさつ）

③ 古い ［　　　］。（かけい）

④ ［　　　］会社（けいれつ）

⑤ ［　　　］（じょうしゃけん）

⑥ ［　　　］（にゅうじょうけん）

⑦ ［　　　］の紙。（いちまい）

⑧ 皿の ［　　　］。（まいすう）

⑨ ［　　　］ぎわ。（どひょう）

⑩ ［　　　］をかつぐ。（こめだわら）

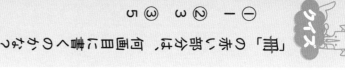

クイズ

「車」の赤い部分は、何画目に書くのかな？

① 1
② 3
③ 5

「はねたり」「とめたり」「はらう」部首が、「い」「じ」「らん」かものもしっかりと「とめ」る必要があるよ。

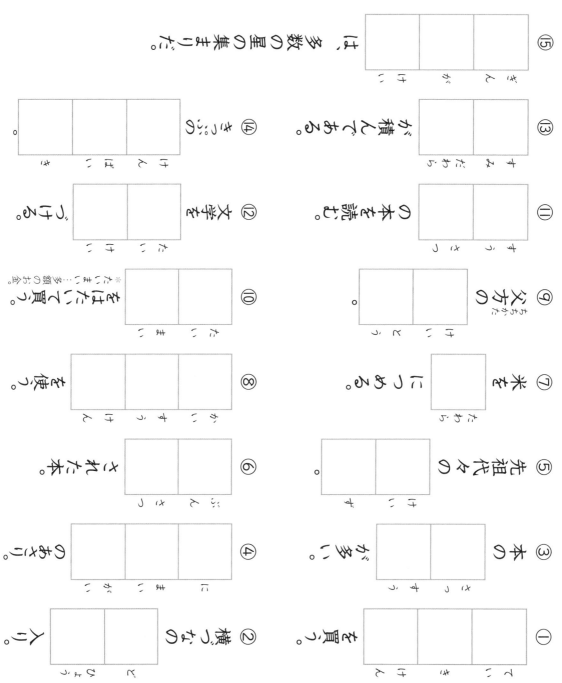

2 □にあてはまる漢字を書きましょう。 １年４組【60点】

① □□を買う。

② □□な横のつくりの人。

③ □□が多い本の。

④ □□のおにい。

⑤ 先祖代々の□□す。

⑥ □□されたほん。

⑦ 米を□□にする。

⑧ □□□を使う。

⑨ 父方の□□い。

⑩ □□を買った。……多くの額の金だ。※

⑪ □□の本を読む。

⑫ □□文字を□じる。

⑬ □□が積んである。

⑭ □□□のようす。

⑮ □□□は、多数の星の集まりだ。

10 かくにんテスト②

名前

15分

目標

月　日

得点

1 □にあてはまる漢字を書きましょう。　1つ4点【40点】

① おし入れの〔じょうだん〕。

② 〔うちゅうじん〕の物語。

③ 〔りきゅう〕があらい。

④ 家の〔けいず〕を調べる。

⑤ 〔ひみつ〕を守る。

⑥ 〔にゅうじょうけん〕を買う。

⑦ 真実の〔だんちゅう〕。

⑧ 〔しだ〕らずな説明。

⑨ 雑誌の〔ぐたい〕付録。

⑩ 〔ししちょうにゅう〕。

2 ──の言葉を、漢字と送りがなで（　）に書きましょう。　1つ4点【12点】

① タクシーを<u>ひろう</u>。　　（　　　　　　　）

② かみの毛が<u>みだれる</u>。　（　　　　　　　）

③ 不良品を<u>のぞく</u>。　　　（　　　　　　　）

6 □にあてはまる漢字を書きましょう。 1つ3点【12点】

① 駅の□□（かいだん）の上に□□□（けいじばん）がある。

② □□（うちゅう）の□□（しんぴ）。

5 □に部首が「扌（てへん）」の漢字を書きましょう。 1つ3点【6点】

① 仕事を□（さが）す。

② □みを□（す）。

4 ──の漢字の読みがなを書きましょう。 1つ3点【12点】

① 米俵を積み上げる。（　　　）　国技館の土俵。（　　　）

② 息を大きく吸う。（　　　）　ポンプで水を吸引する。（　　　）

3 ──の漢字の読みがなを書きましょう。 1つ3点【18点】

① 反乱が起こる。（　　　）

② 庭に除草ざいをまく。（　　　）

③ 前向きに対処する。（　　　）

④ 民族の興亡を調べる。（　　　）
＊興亡…栄えることとほろびること。

⑤ 紙の枚数を数える。（　　　）

⑥ 片道は電車で行く。（　　　）
＊片道…行きだけ、または帰りだけのどちらか一方。

24

目標 10分
月 日 点
得点

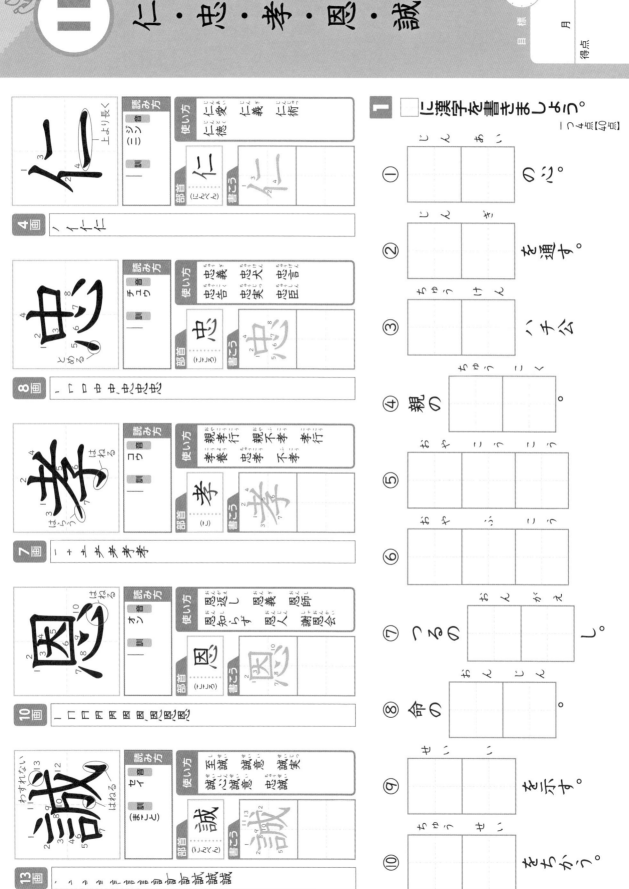

仁

読み方
音 ジン ニ
訓

使い方
仁徳 仁愛 仁義 仁術

部首 （にんべん）

4画 ノ イ 仁

忠

読み方
音 チュウ
訓

使い方
忠告 忠義 忠実 忠犬 忠臣 忠言

部首 （こころ）

8画 ｜ ロ 口 中 史 忠 忠 忠

孝

読み方
音 コウ
訓

使い方
孝養 忠孝 親孝行 不孝 孝行

部首 （こ）

7画 一 十 土 耂 耂 孝 孝

恩

読み方
音 オン
訓

使い方
恩知らず 恩返し 恩義 恩師 恩人 謝恩会

部首 （こころ）

10画 ｜ 冂 冃 円 因 因 因 恩 恩 恩

誠

読み方
音 セイ
訓 （まこと）

使い方
誠心 至誠 誠意 誠実 忠誠 誠意

部首 （ごんべん）

13画 ` ニ ニ 言 言 言 訁 訣 誠 誠 誠 誠

1 □に漢字を書きましょう。
一つ4点【40点】

① じん あい の心。

② じん ぎ を通す。

③ ちゅう けん ハチ公

④ 親の ちゅう じつ 。

⑤ おや こう こう

⑥ おや ふ こう

⑦ 「□□□のある人。」 おん がえ

⑧ 命の おん じん 。

⑨ せい い を示す。

⑩ ちゅう せい をちかう。

25

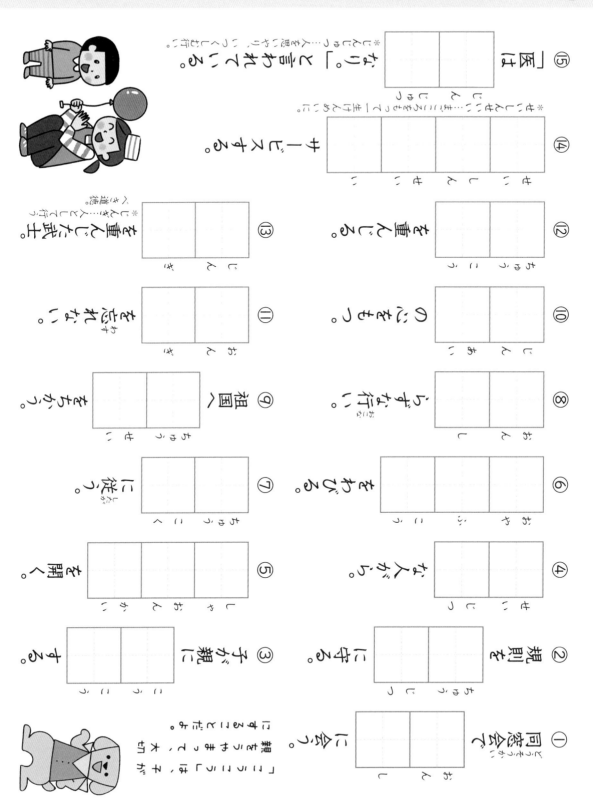

クイズ
「孝」の部首は、どれかな？
① 土（う） ② ＼（の） ③ 子（い）

2 □にあてはまる漢字を書きましょう。　［配点］4点1つ

① 同窓会で□□に会う。（ひさ）（し）

② 規則を□□に守る。（ちゅう）（じつ）

③ 子が親に□□する。（こう）（こう）

④ □□な人から。（せい）（じつ）

⑤ □□□を開く。（し）（かい）（じょう）

⑥ □□をやぶる。（じょう）（し）

⑦ □□に従う。（ちゅう）（こく）

⑧ □□がない。（お）（し）

⑨ 祖国へ□□する。（ちゅう）（せい）

⑩ □□のこと。（し）（おん）

⑪ □□を忘れない。（お）（ん）（ぎ）

⑫ □□を重んじる。（ちゅう）（こう）

⑬ □□を重んじた武士。（ぎ）（り）

⑭ □□□□サービスする。（せい）（し）（ん）（せい）

⑮ 「医は□□。」（じん）（じゅつ）

26　［総合］4年①

目標 10分　月　日　点
得点

灰

読み方
音 （カイ）
訓 はい

使い方
火山灰　灰色　灰皿

部首 灰（ひ）

6画　一ナ灰灰灰

革

読み方
音 カク
訓 （かわ）

使い方
皮革　変革　改革　革新　革命

部首 革（かくのかわ）

9画　一十十廿廿苹苴苴革

染

読み方
音 （セン）
訓 そめる・そまる・しみる・しみ

使い方
あいぞめ　そまる　そめもの　ほりぞめ

部首 染（き）

9画　丶丶氵氿氿染染染染

蚕

読み方
音 サン
訓 かいこ

使い方
蚕糸　蚕だな　蚕食　養蚕

部首 蚕（むし）

10画　一二チ天天禾否呑蚕蚕

絹

読み方
音 （ケン）
訓 きぬ

使い方
絹地　絹針　絹張り　絹糸　絹織物　絹ごし

部首 絹（いとへん）

13画　絹絹絹絹絹絹絹絹絹絹絹絹絹

---

1 □に漢字を書きましょう。

一つ4点【40点】

① はいいろ の空。

② はいざら をしまう。

③ 制度の かいかく 。

④ ひかく 製品

⑤ 夕日に そ まる。

⑥ し ぼり ぞ めを習う。

⑦ ようさん 業の歴史。

⑧ かいこ を育てる。

⑨ きぬおりもの の

⑩ きぬ ごし ……

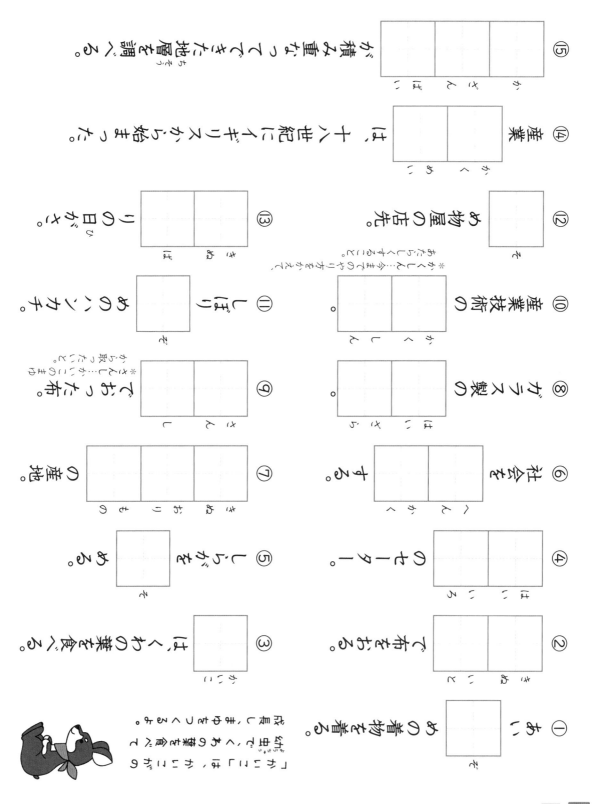

クイズ

「蚕糸」は、何と読むのかな？
① かいと
② かいこいと
③ さんし

2 □にあてはまる漢字を書きましょう。

① [　]の着物を着る。

② [　]で布をおる。

③ [　]は、へやの葉を食べる。

④ [　]のセーター。

⑤ [　]をしらべる。

⑥ 社会を[　]する。

⑦ [　]の産地。

⑧ ガラス製の[　]。

⑨ [　]でおりた布。*かんさい…かんさいで取れたなわ。

⑩ 産業技術の[　]。*おかし…おかしをつくるにもよういする。

⑪ [　]でめのパンカチ。

⑫ [　]もの屋の店先。

⑬ [　]の日がよい。

⑭ 産業は、十八世紀にイギリスから始まった。

⑮ [　]が積み重なってできた地層を調べる。

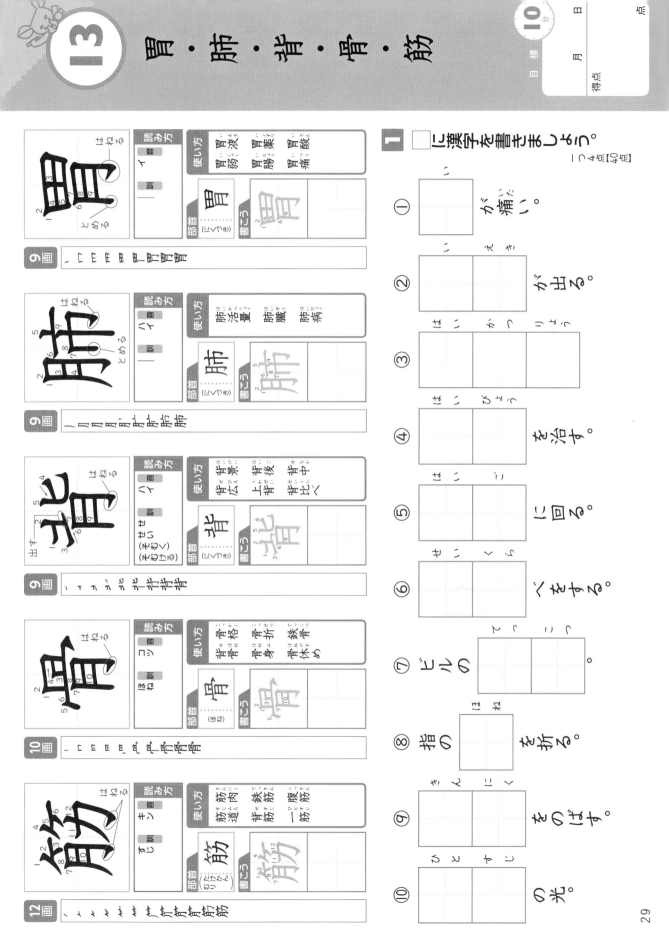

胃
はねる
9画
読み方　音 イ　訓 ―
使い方　胃弱・胃腸／胃液・胃薬／胃痛・胃酸
部首　月（にくづき）
とめる
書こう　胃
筆順　｜ ⏋ ⏌ 田 田 門 閂 胃 胃

肺
はねる
9画
読み方　音 ハイ　訓 ―
使い方　肺活量／肺臓／肺病
部首　月（にくづき）
とめる
書こう　肺
筆順　） 刀 月 月 肝 肝 肺 肺

背
はねる
9画
読み方　音 ハイ　訓 せ・せい（そむく）（そむける）
使い方　背広・背景／上背・背後／背比べ・背中
部首　月（にくづき）
出す
書こう　背
筆順　｜ ⏋ ⏌ 北 北 北 背 背 背

骨
はねる
10画
読み方　音 コツ　訓 ほね
使い方　背骨・骨格／骨折・鉄骨／骨身・骨休め
部首　骨（ほね）
書こう　骨
筆順　｜ ⏋ ⏌ 口 号 号 骨 骨 骨 骨

筋
はねる
12画
読み方　音 キン　訓 すじ
使い方　筋肉・筋道／鉄筋・背筋／一筋・腹筋
部首　竹（たけかんむり）
書こう　筋
筆順　）) ⺮ ⺮ ⺮ ⺮ ⺮ 竹 筋 筋 筋 筋

1　□に漢字を書きましょう。
一つ4点【40点】

① い が痛い。

② い えき が出る。

③ はい かつ りょう

④ はい びょう を治す。

⑤ はい ご に回る。

⑥ せ くら べをする。

⑦ ビルの てっ こつ 。

⑧ 指の ほね を折る。

⑨ きん にく をのばす。

⑩ ひと すじ の光。

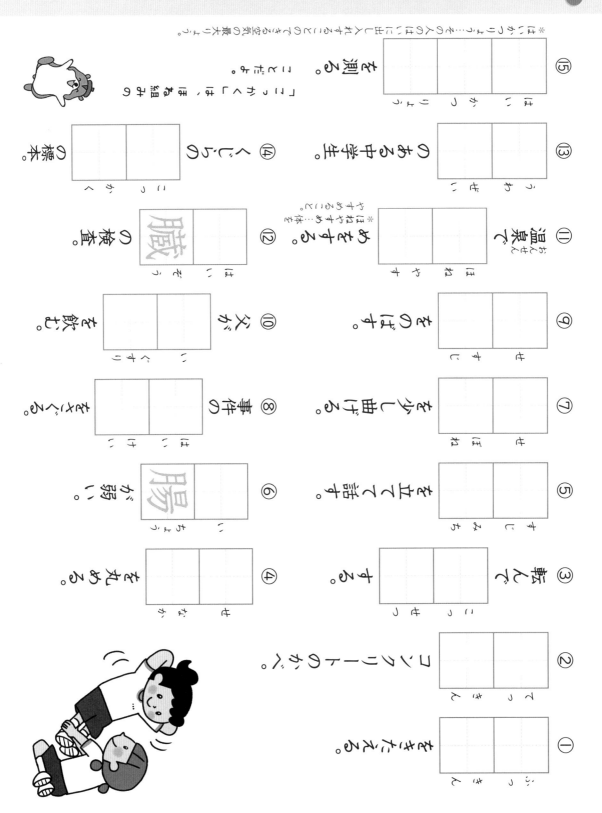

クイズ

部首が「月（にくづき）」になるのは、どれかな？

① 胃
② 筋
③ 肺

「にくづき」は、「月」をもとにした組みの「つくり」です。

2 □にあてはまる漢字を書きましょう。 1つ4点【60点】

⑮ ___を測る。
*肺に出入りする空気の最大量。

⑬ ___のある中学生。

⑪ 温泉で___をあたためる。
*体のひふのこと…など。

⑨ ___をのばす。

⑦ ___を少し曲げる。

⑤ ___を立てて話す。

③ 転んで___する。

① ___をたくわえる。

⑭ ___のこん虫の標本。

⑫ 臓___の検査。

⑩ 父が___を飲む。

⑧ ___事件のなぞ。

⑥ 腸___が弱い。

④ ___を丸める。

② コンタクトレンズのど___。

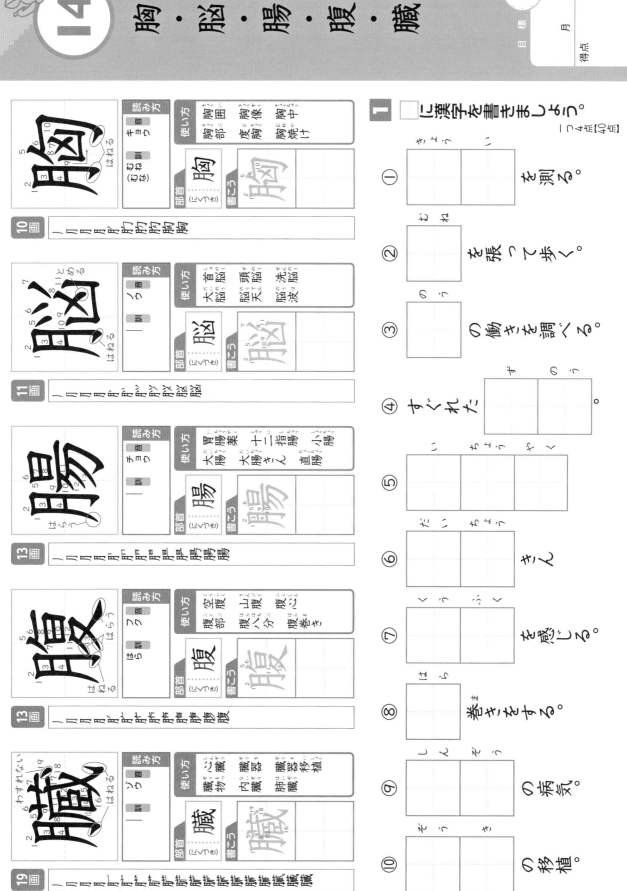

1 □に漢字を書きましょう。

1つ4点【40点】

① せいちょう を測る。

② むね を張って歩く。

③ のう の働きを調べる。

④ すぐれた ずのう 。

⑤ い ちょう やく

⑥ だいちょう きん。

⑦ くうふく を感じる。

⑧ はら 巻きをする。

⑨ しんぞう の病気。

⑩ ぞうき の移植。

クイズ

いちばん画数が多いのは、どれかな？
① 腹 ② 胸 ③ 脳

2 □にあてはまる漢字を書きましょう。 1つ4点【60点】

「ちょう」は、「ぼう」の読み方もするよ。

① □□のレントゲン検査。

② □□を温める。

③ 病院で□□を調べる。

④ 牛の□□の料理。
＊このばあいは「なんもつ」と読むこともあるよ。

⑤ □□がする。

⑥ □□の検査。

⑦ 日米□□会談。

⑧ かれは□□がある。

⑨ □□に小屋がある。
＊このばあいは「のうや」と読んで、「山の上の小さな小屋」をさすこともあるよ。

⑩ 動物の□□。

⑪ □□は大切な器官だ。

⑫ □□を打ち明ける。
＊このばあいは「きょうちゅう」と読むよ。

⑬ □□の手術。

⑭ 健康のため、食事を□□□につとめる。

⑮ □□は、胃と大ちょうを結ぶ、細長い消化器官だ。

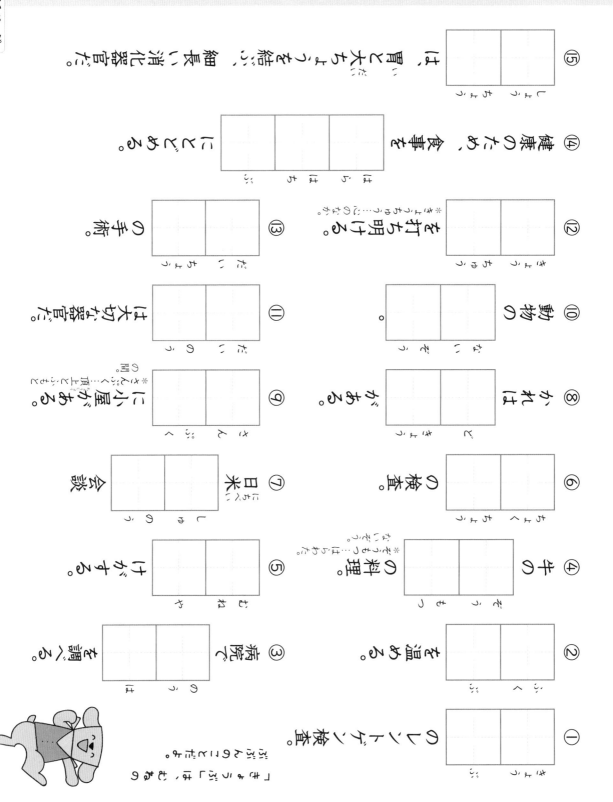

名前

目標　月　日　得点　15分

1 □にあてはまる漢字を書きましょう。　1つ3点【48点】

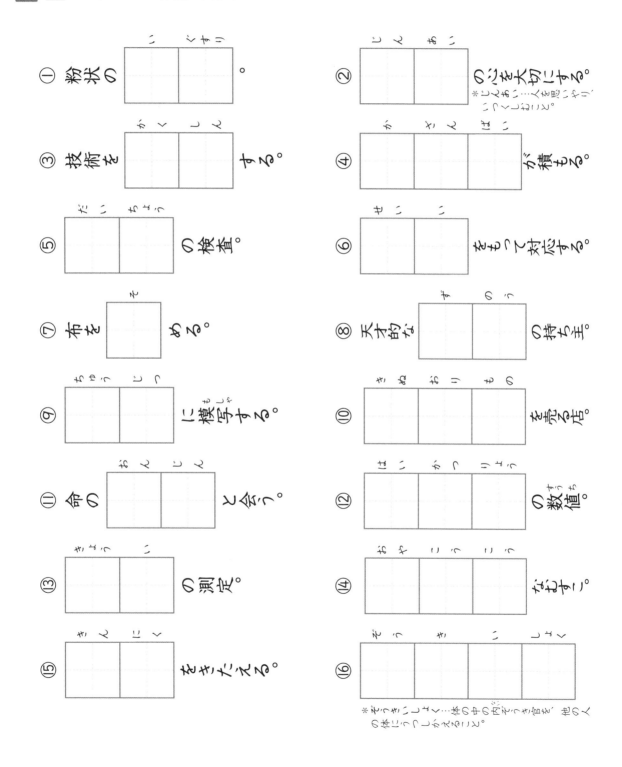

① こ・ぐすり ｜ 粉状の□□。

② じん・あい ｜ □□の心を大切にする。
※じんあい…人を思いやり　いつくしむこと。

③ かく・しん ｜ 技術を□□する。

④ か・ざん・ばい ｜ □□□が積もる。

⑤ だい・ちょう ｜ □□の検査。

⑥ せい・い ｜ □□をもって対応する。

⑦ そ ｜ 布を□める。

⑧ ず・のう ｜ 天才的な□□の持ち主。

⑨ ちゅう・じつ ｜ □□に模写する。

⑩ きぬ・お・り・もの ｜ □□□□を売る店。

⑪ おん・じん ｜ 命の□□と会う。

⑫ は・こ・か・つ・りゅう ｜ □□□□の数値。

⑬ しょう・ど ｜ □□の測定。

⑭ お・きょう・い・い ｜ □□□をなおす。

⑮ きん・にく ｜ □□をきたえる。

⑯ ぞう・き・い・しょく ｜ □□□□。
※ぞうきいしょく…体の中の内臓や器官を、他の人の体にうつしかえること。

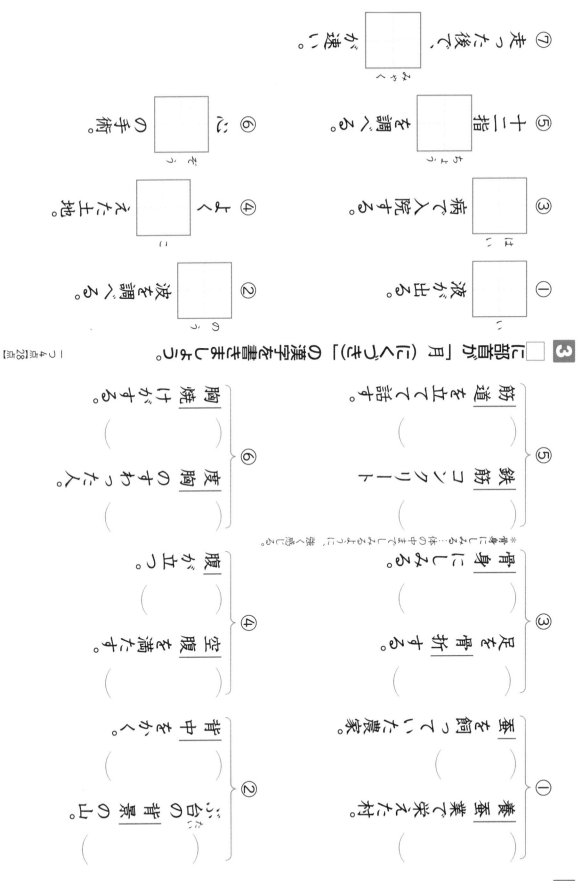

⑦ 走った後で、□（みゃく）が速い。

⑤ 十二指□（ちょう）を調べる。

③ 病□（いん）で入院する。

① □（けつえき）が止まる。

⑥ 心□（ぞう）の手術

④ □（こ）えた土地。

② □（のう）の波を調べる。

3 □部首が「月（にくづき）」の漢字を書きましょう。　【1つ4点／28点】

---

2 ──の漢字の読みがなを書きましょう。　【1つ2点／24点】

① 林業で栄えた村（　　）　　牛を飼っていた農家（　　）

② ぶたいの背景の山（　　）　　背中をかく。（　　）

③ 骨身にしみる。（　　）　　足を骨折する。（　　）

*注　骨身にしみる…体の中でつよく感じる。

④ 腹が立つ。（　　）　　空腹を満たす。（　　）

⑤ 筋道を立てて話す。（　　）　　鉄筋コンクリート。（　　）

⑥ 胸焼けがする。（　　）　　度胸のすわった人。（　　）

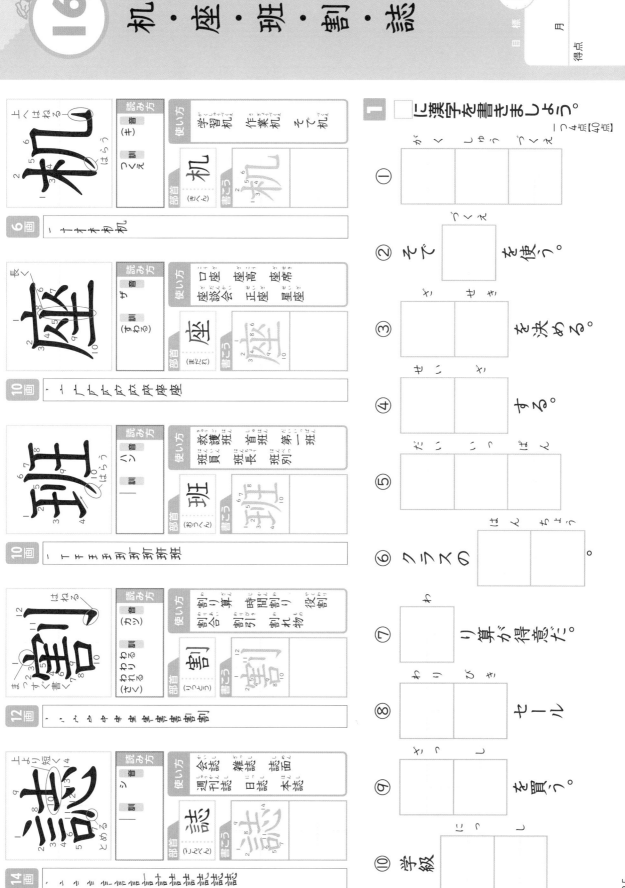

机
読み方
音（キ）
訓（つくえ）

使い方
学習机
作業机
そで机

部首（きへん）

6画
一 十 オ 木 机 机

座
読み方
音（ザ）
訓（すわる）

使い方
口座
座談会
正座
座高
座席
星座

部首（まだれ）

10画
一 广 广 广 应 应 座 座

班
読み方
音（ハン）
訓

使い方
救護班
班員
班長
班
第一班
班列

部首（おうへん）

10画
一 T F 王 玝 玝 班 班 班

割
読み方
音（カツ）
訓（わる・われる・さく）

使い方
割り合い
割り算
時間割り
割り引き
役割

部首（りっとう）

12画
一 宀 宀 宀 宀 宀 害 害 割 割

誌
読み方
音（シ）
訓

使い方
週刊誌
会誌
雑誌
日誌
誌面
本誌

部首（ごんべん）

14画
一 二 言 言 言 言 訪 訪 誌 誌

1 □に漢字を書きましょう。
一つ4点【40点】

① □がく □しゅう □つくえ

② そで□つくえ を使う。

③ □ざ□せき を決める。

④ □せい□ざ する。

⑤ □だい□いち□はん

⑥ クラスの □はん□ちょう。

⑦ □わり り算が得意だ。

⑧ □わり□びき セール

⑨ □ざっ□し を買う。

⑩ 学級□に□し

２ □にあてはまる漢字を書きましょう。 　一つ4点【60点】

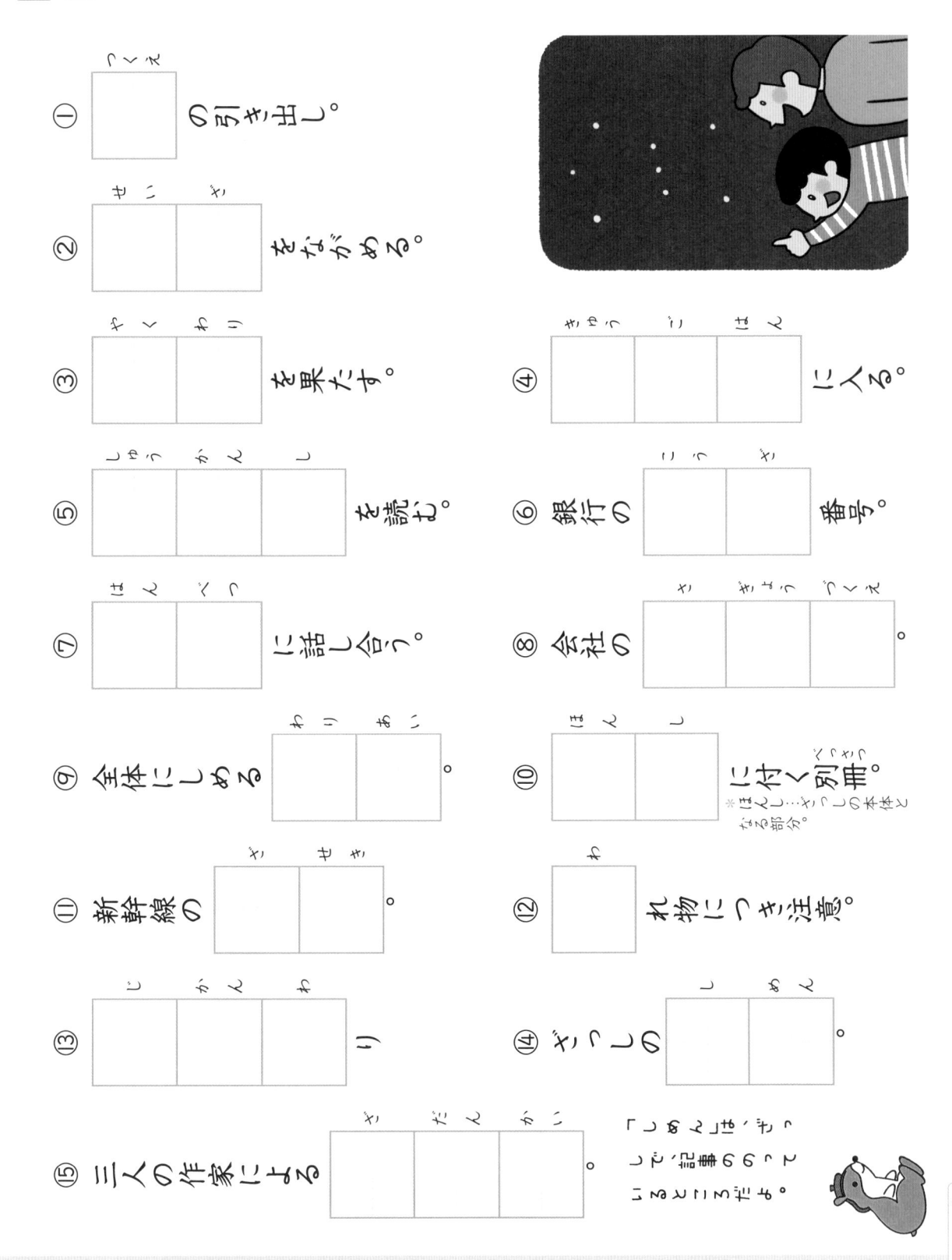

① （つくえ）□の引き出し。

② （せい　ざ）□□をながめる。

③ （やく　わり）□□を果たす。

④ （ちゅう　り　ぱん）□□□に入る。

⑤ （しゅう　かん　し）□□□を読む。

⑥ 銀行の（り　え）□□番号。

⑦ （はん　くつ）□□に話し合う。

⑧ 会社の（き　ちょう　くえ）□□□。

⑨ 全体にしめる（わり　あい）□□。

⑩ （ほん　せん）□□に付く列車。
　※ほんせん…ダイヤの本体となる部分。

⑪ 新幹線の（ざ　せき）□□。

⑫ （わ）□れ物につき注意。

⑬ （じ　かん　わり）□□□。

⑭ （ざっ）□しの（し　めん）□□。

⑮ 三人の作家による（ざ　だん　かい）□□□。
　「ざだんかい」とは、何人かが集まって、話し合うこと。それを記事にすることもあるよ。

クイズ 「座」の赤い部分は、何画目に書くのかな？
①4　②8　③9

担・奏・揮・詞・劇

担　8画　一　十　扌　扣　扣　担　担　担
奏　9画　一　二　三　夫　夫　奏　奏　奏　奏
揮　12画　一　十　扌　扌　打　押　押　押　押　揮　揮　揮
詞　12画　、　言　言　言　詞　詞　詞　詞　詞　詞
劇　15画　一　ト　广　广　卢　卢　虏　虏　虏　虏　虏　虏　劇　劇　劇

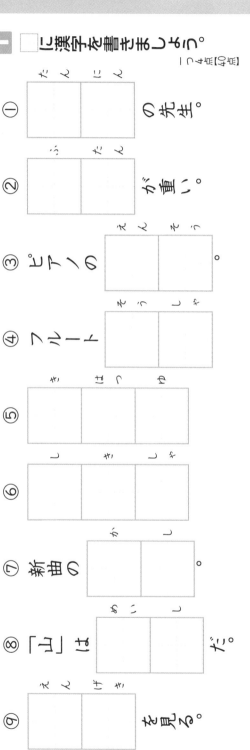

1 □に漢字を書きましょう。
1つ4点【40点】

① ［たんにん］の先生。

② ［ふたん］が重い。

③ ピアノの［えんそう］。

④ フルート［そうしゃ］

⑤ ［きはつゆ］

⑥ ［しきしゃ］

⑦ 新曲の［かし］。

⑧ 「山」は［めいし］だ。

⑨ ［えんげき］を見る。

⑩ ［げきだん］に入る。

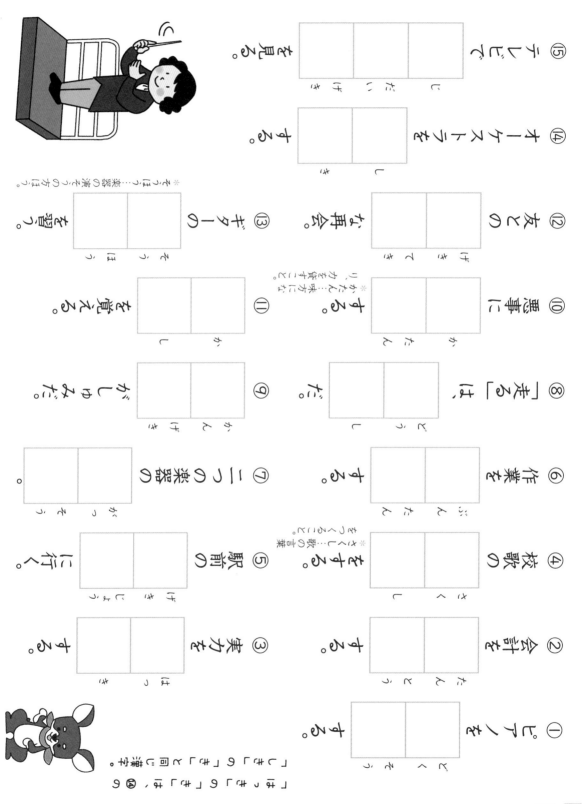

2 □にあてはまる漢字を書きましょう。　1つ4点【60点】

※⑧の「き」「ぎ」、⑮の「し」「じ」で同じ漢字。

① ピアノを□□する。（えん・そう）

② 会計を□□する。（たん・とう）

③ 実力を□□する。（はっ・き）

④ 校歌を□□する。（せい・しょう）
※せいしょう…歌の言葉をうたへこと。

⑤ 駅前の□□に行く。（ひ・ろば）

⑥ 作業を□□する。（ぶん・たん）

⑦ 二つの楽器の□□。（がっ・そう）

⑧ 「走る」は□□だ。（どう・し）

⑨ □□がくしゃ。（き・げん）

⑩ 悪事に□□する。（か・たん）
※かたん…味方すること。

⑪ □□を覚える。（り・だつ）
※りだつ…仲間からぬけること。

⑫ 友との□□会。（さい・かい）

⑬ ギターの□□を習う。（そう・ほう）
※そうほう…楽器の演奏のほう。

⑭ オーケストラを□□する。（し・き）

⑮ テレビで□□□を見る。（し・き・しゃ）

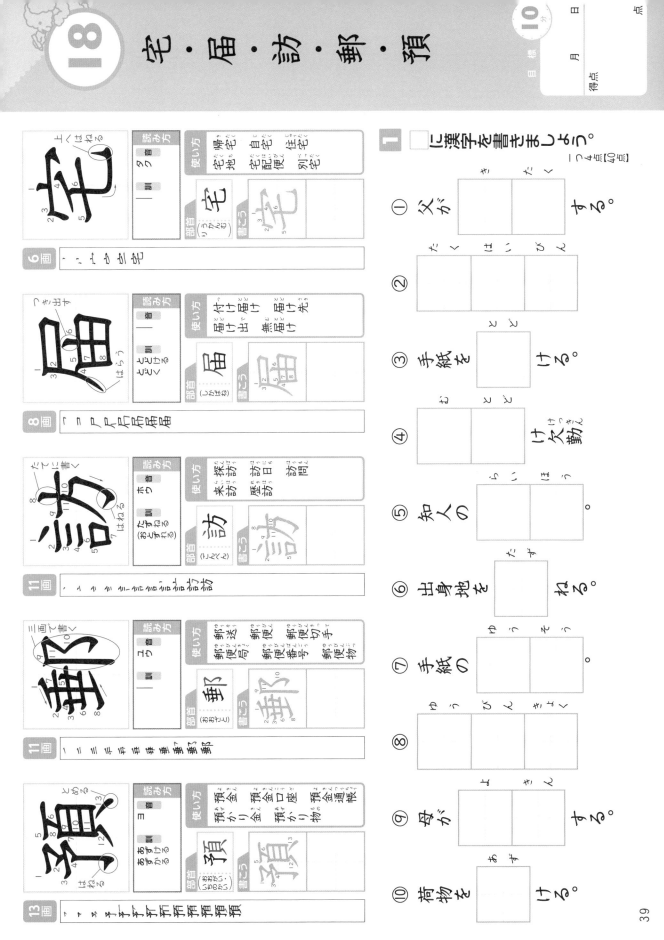

18 宅・届・訪・郵・預

宅

読み方
音 タク
訓

使い方
帰宅　自宅　住宅
宅地　宅配便　別列宅

部首 宀(うかんむり)

6画 宅

届

読み方
音 ―
訓 とどける・とどく

使い方
届け付け　届け出　届け先
無届け

部首 尸(しかばね)

8画 届

訪

読み方
音 ホウ
訓 おとずれる・たずねる

使い方
来訪　探訪　訪問
歴訪　訪日

部首 言(ごんべん)

11画 訪

郵

読み方
音 ユウ
訓 ―

使い方
郵便　郵送　郵便切手
郵便局　郵便番号　郵便物

部首 阝(おおざと)

11画 郵

預

読み方
音 ヨ
訓 あずける・あずかる

使い方
預金　預かり　預金通帳
預金口座　預かり物

部首 頁(おおがい・いちのかい)

13画 預

---

1 □に漢字を書きましょう。

一つ4点【40点】

① 父が　□□（き・たく）する。

② □□□（たく・はい・びん）

③ 手紙を　□（とど）ける。

④ □□（む・とど）け欠勤

⑤ 知人の　□□（らい・ほう）

⑥ 出身地を　□（たず）ねる。

⑦ 手紙の　□□（ゆう・そう）

⑧ □□□（ゆう・びん・きょく）

⑨ 母が　□□（よ・きん）する。

⑩ 荷物を　□（あず）ける。

答え ▶ 107ページ

3 ――の言葉を、漢字と送りがな（　）に書きましょう。　1つ5点【15点】

③ 子供を<u>あずかる</u>。　（　　　　　　）

② 小包が<u>とどく</u>。　（　　　　　　）

① 友達の家を<u>たずねる</u>。　（　　　　　　）

2 □にあてはまる漢字を書きましょう。　1つ5点【45点】

① 午後は　□□（じ・たく）　にする。

③ 先生の家庭　□□（ほう・もん）　。

⑤ 書類を　□□（ゆう・そう）　する。

⑦ □□（たく）　の開発が進む。
　※たく…くふうをこらしてあたらしいものをつくること。

⑨ □□（は・に）　中の外国の選手団。

② 新しい　□□□□　。

④ □□（た・へ）　にだす。

⑥ 島を　□□　する。

⑧ □□□□

（吹き出し）「ほう」「う」は……「ほう」は日本語では「う」と書いてあるけれど、外国人が……

乳・紅・砂・糖・熟

乳

読み方
音 ニュウ
訓 (ちち)(ち) はねる

使い方
牛乳
乳児
乳製品
豆乳
乳牛
乳しぼり

部首 乚(おつ・おつにょう)

書こう 乳

8画 ʿ ㇇ ㇒ ㇗ ㇤ 孚 孚 乳

紅

読み方
音 コウ(ク)
訓 べに くれない とめる

使い方
紅葉
口紅
紅色
紅一点
紅茶
紅白

部首 糹(いとへん)

書こう 紅

9画 ʿ ㇒ ㇒ ㇒ ㇒ 糸 紀 紅 紅

砂

読み方
音 サ シャ
訓 すな はねる はらう

使い方
砂時計
砂岩
砂場
砂金
砂鉄
砂山

部首 石(いしへん)

書こう 砂

9画 一 ㇒ 丆 石 石 石 砂 砂 砂

糖

読み方
音 トウ
訓 とめる つき出す はねる

使い方
糖分
糖類
果糖
砂糖
糖どう
製糖

部首 米(こめへん)

書こう 糖

16画 ʿ ㇒ ㇒ 丬 半 米 米' 米" 籵 粐 糖 糖 糖 糖 糖 糖

熟

読み方
音 ジュク
訓 (う)れる はねる わすれない

使い方
熟語
成熟
未熟
熟練
熟成
熟知

部首 灬(れっか・れんが)

書こう 熟

15画 ʿ ㇐ 亠 宁 宁 享 孰 孰 孰 孰 孰 孰 熟 熟 熟

1 □に漢字を書きましょう。

【一つ4点/40点】

① ［ぎゅう］［にゅう］を飲む。

② うしの［ちち］をしぼる。

③ ［こう］［ちゃ］を飲む。

④ ［くに］［いろ］の和紙。

⑤ ［さ］［きん］を採る。

⑥ ［すな］［ば］で遊ぶ。

⑦ ［さ］［とう］きび

⑧ ［せい］［とう］工場

⑨ 果物が［じゅく］す。

⑩ ［じゅく］［ご］の構成。

クイズ
「砂」を「な」と読むのは、どれかな？
① 砂場　② 砂金　③ 砂岩

2 □にあてはまる漢字を書きましょう。　1つ4点【60点】

① □□に茶□を入れる。

② カーテンは□□□□だ。

③ みそを□□かす。

④ □□のまんじゅう。

⑤ 牛の□□をしぼうにする。

⑥ □□を上げる。

⑦ □□をひかえる。
※ひかえる…やめにする、少なくする。

⑧ み□へんな作品。

⑨ □□が美しい山。

⑩ 姉が□□□□を飲む。

⑪ □□てを取り出す。

⑫ □□ちの□□。

⑬ □□□□を飼育する。

⑭ □□へんを要する仕事。
※ようする…ひつようとする。

⑮ □□□□をとって、栄養を補給する。
※ビタミン…果物やさいなどに多くふくまれている、からだにひつような栄養のあるもの。

かくにんテスト④

目標 15分

月　日

得点　　　点

1 □にあてはまる漢字を書きましょう。

一つ4点【40点】

① 教室の［つくえ］を動かす。

② 六年一組の［だんにん］。

③ ギターの［えんそう］。

④ 楽団の［しきしゃ］。

⑤ ［じたく］に帰る。

⑥ ［ゆうびんきょく］に行く。

⑦ ［はんちょう］を決める。

⑧ 事情を［じゅくち］している。

⑨ ［げきてき］な出会い。

⑩ 作家の［だんかい］。

＊げきてき……心に強く感げきを起こさせる様子。

2 ——の言葉を、漢字と送りがなで（　）に書きましょう。

一つ4点【12点】

① 天じょうに手がとどく。

（　　　　　　　）

② 落とした茶わんがわれる。

（　　　　　　　）

③ 友達から本をあずかる。

（　　　　　　　）

答え ● 107ページ

5 □に同じ読み方で意味がちがう漢字を書きましょう。 【1つ4点/24点】

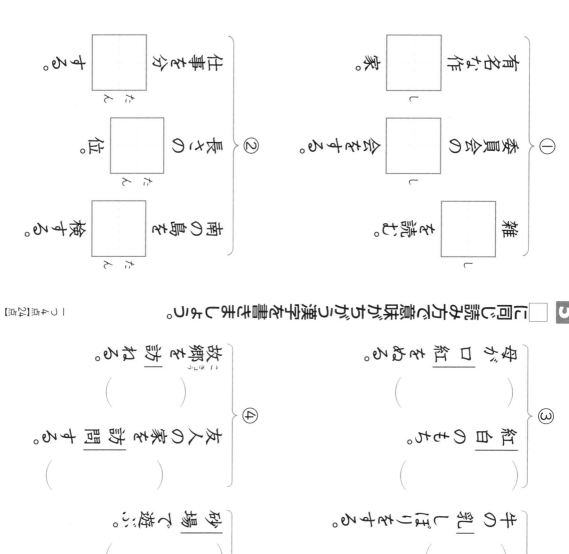

①
有名な作[　]。
委員会の[　]会をする。
雑[　]を読む。

②
仕事を分[　]する。
長さの[　]位。
南の島を[　]検する。

4 ――の漢字の読みがなを書きましょう。 【1つ2点/16点】

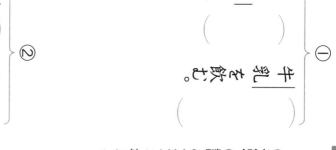

① 牛の乳しぼりをする。（　）　牛乳を飲む。（　）

② 砂場で遊ぶ。（　）　磁石に砂鉄が付く。（　）

③ 母が口紅をぬる。（　）　紅白のもち。（　）

④ 故郷を訪ねる。（　）　友人の家を訪問する。（　）

3 ――の漢字の読みがなを書きましょう。 【1つ2点/8点】

① 銀行に預金する。（　）

② 各自の役割を決める。（　）

③ 成熟したメロン。（　）
※成熟…果物などが十分に実ること。

④ 糖分を減らす。（　）

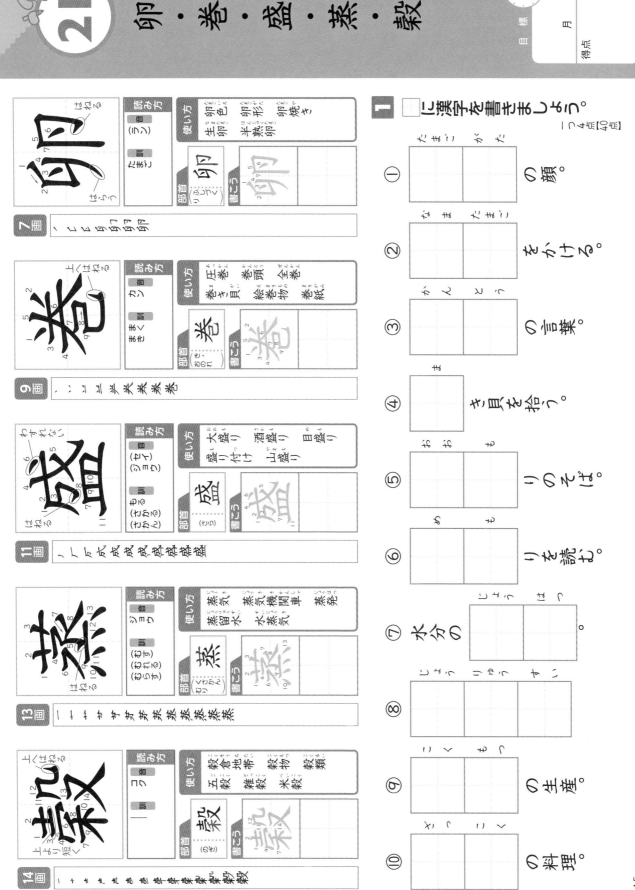

卵・巻・盛・蒸・穀

卵

読み方
音 （ラン）
訓 たまご

使い方
生卵
半熟卵
卵形
卵色
卵焼き

部首 りふしづくり

書こう 卵

7画 ノ ト ヒ ゲ 丏 丏 卵

巻

読み方
音 カン
訓 ま（く） まき

使い方
巻き貝
圧巻
絵巻物
巻頭
全巻
巻紙

部首 おのれ（おのづくり）

書こう 巻

9画 ` ` ` 丷 丷 半 半 券 巻

盛

読み方
音 （セイ）（ジョウ）
訓 も（る）（さかる）（さかん）

使い方
盛り付け
大盛り
山盛り
酒盛り
目盛り

部首 さら

書こう 盛

11画 ノ 厂 厂 成 成 成 成 盛 盛 盛 盛

蒸

読み方
音 ジョウ
訓 む（す）（むれる）（むらす）

使い方
蒸留水
蒸気
蒸気機関車
蒸発

部首 くさかんむり

書こう 蒸

13画 一 ++ ++ ++ 艹 芏 萝 荥 莢 蒸 蒸 蒸 蒸

穀

読み方
音 コク
訓 ー

使い方
五穀
穀倉地帯
雑穀
穀物
米穀
穀類

部首 のぎ（のぎへん）

書こう 穀

14画 一 + + 土 吉 吉 杏 耂 耈 耈 殸 殸 穀 穀

---

1 □に漢字を書きましょう。

一つ4点【40点】

① たまご が た
□□の顔。

② なま たまご
□をかける。

③ かん とう
□の言葉。

④ ま
□き貝を拾う。

⑤ おお も
□りのそば。

⑥ め も
□りを読む。

⑦ 水分の じょう は
□□。

⑧ じょう りゅう すい
□□□。

⑨ こく もつ
□□の生産。

⑩ こく るい
□□の料理。

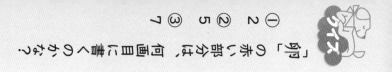

クイズ　「卵」の赤い部分は、何画目に書くのかな？
① 2
② 5
③ 7

3　——の言葉を、漢字と送りがな（　）に書きましょう。　1つ5点【10点】

② 足に包帯を____。　（　　　　　　　）

① 果物を皿に____。　（　　　　　　　）

2　□にあてはまる漢字を書きましょう。　1つ5点【50点】

① 　　　をわったお弁当。（たまご）

② 米や麦は　　　だ。（こくもつ）

③ 世界の歴史の『　　』（せかい）

④ 　　りのご飯。（まきがり）

⑤ サラダの　盛り付け。（もり）

⑥ 　　　を食べる。（はくさい）

⑦ 　　　を見る。（えきまえ）

⑧ あの演奏は　　だった。（あっかん）

⑨ 　　　の写真をとる。（じょうきげんしゃ）

⑩ 日本の　　　　。（にそくさんもん）

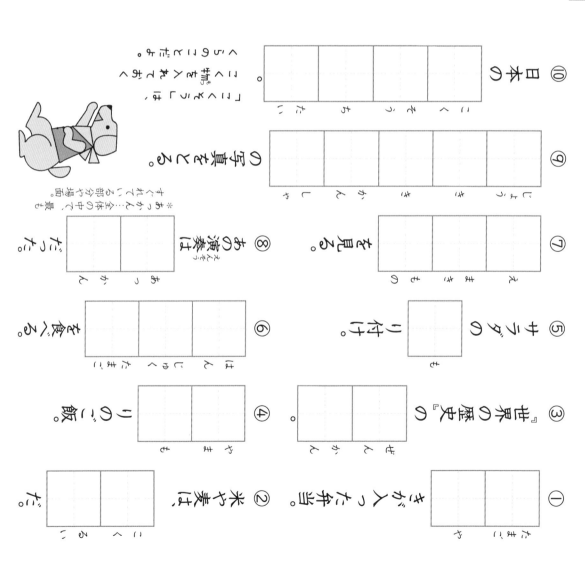

※あれこれ…に、全体の中で、部分をやすく、物を数えるときに「いっぴき」は、「いっぴき」でも、物を数えるときに使う。「とう」は、最も

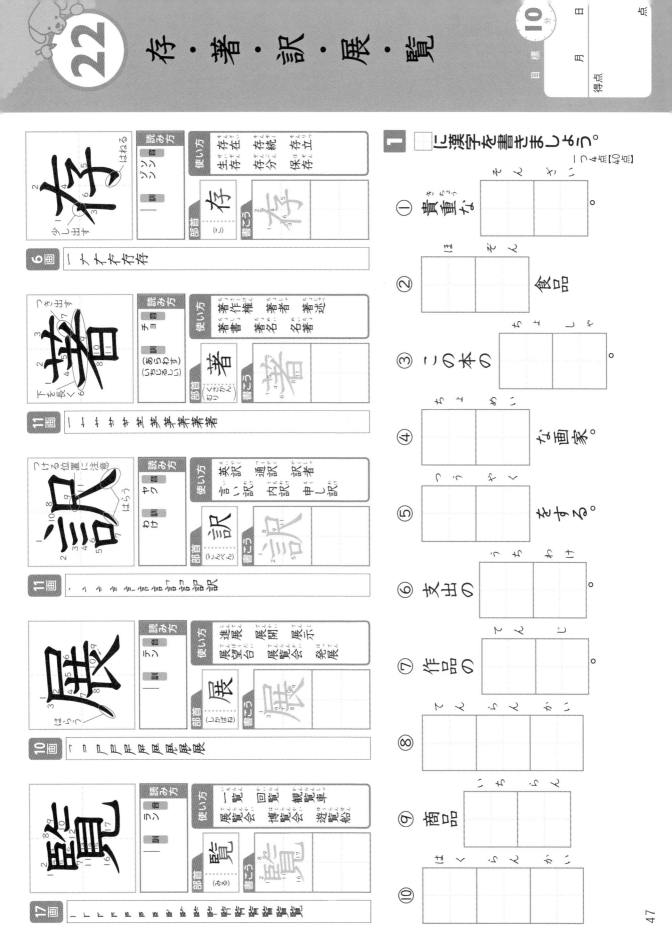

存

読み方　音 ソン・ゾン　訓 ―

はねる　少し出す

使い方　生存・存在　存続・存分　保存・存立

部首（こ）　書こう　存・存

6画　一　ナ　オ　存　存

著

読み方　音 チョ　訓（あらわす）（いちじるしい）

さき出す　下を長く

使い方　著作・著権　著書・著名　名著・著述

部首（くさかんむり）　書こう　著・著

11画　一　丷　丬　丬　艹　芏　芏　芙　茅　著　著

訳

読み方　音 ヤク　訓 わけ

つける位置に注意　はらう

使い方　英訳・通訳　言い訳・内訳　訳者・申し訳

部首（ごんべん）　書こう　訳・訳

11画　言　訳

展

読み方　音 テン　訓 ―

はらう

使い方　進展・展望　展示・展覧会　展開・発展

部首（しかばね）　書こう　展・展

10画　一　コ　尸　尸　尸　屏　屏　展　展　展

覧

読み方　音 ラン　訓 ―

使い方　一覧・展覧会　回覧・観覧車　博覧会・遊覧船

部首（みる）　書こう　覧・覧

17画　覧

1　□に漢字を書きましょう。

一つ4点【40点】

① 貴重な〔そん　ざい〕。

② 〔ほ　ぞん〕食品

③ この本の〔ちょ　しゃ〕。

④ 〔ちょ　めい〕な画家。

⑤ 〔つう　やく〕をする。

⑥ 支出の〔うち　わけ〕。

⑦ 作品の〔てん　じ〕。

⑧ 〔てん　らん　かい〕

⑨ 商品〔いち　らん〕

⑩ 〔はく　らん　かい〕

クイズ

「侍」を「さむらい」と読むのは、「侍」のどれかな？
① 生侍
② 侍住
③ 侍分

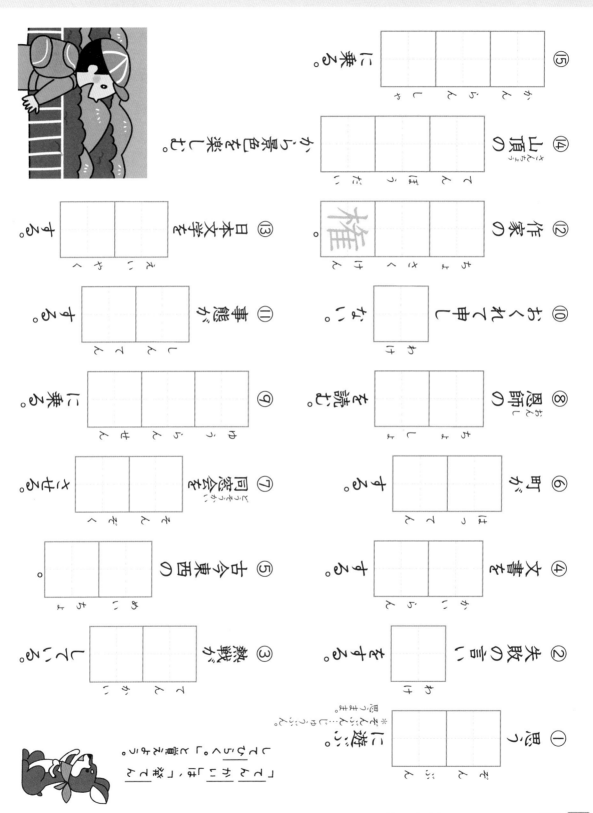

2 □にあてはまる漢字を書きましょう。 1つ4点【60点】

① 思う　□□に遊ぶ。
＊「ぞんぶん」と思うように。じゆうに。

② 失敗の言に□□ける。

③ 熱戦が□□いた。

④ 文書を□□する。

⑤ 古今東西の□□□。

⑥ 町が□□する。

⑦ 同窓会を□□せる。

⑧ 恩師の□□を読む。

⑨ □□□に乗る。

⑩ おへてし□□□け。

⑪ 事態が□□する。

⑫ 作家の□□□に加えられて申しない。

⑬ 日本文学を□□する。

⑭ 山頂の□□□から景色を楽しむ。

⑮ □□□に乗る。

「こ」「か」「ほ」「へ」「けん」「てん」など、書き方に気をつけましょう。

目標 10分

月　日　点

得点

刻

読み方
音 コク
訓 きざむ・とき

使い方
深刻　一刻
定刻　刻限
小刻み　時刻

部首 リ（りっとう）

書こう 刻

8画　` ` ナ 亥 亥 刻 刻

閉

読み方
音 ヘイ
訓 とじる・とざす・しめる・しまる

使い方
閉口　開閉
閉店　閉会
密閉　閉館

部首 門（もんがまえ）

書こう 閉

11画　` ｜ ｢ ｢ 門 門 門 門 閉 閉

翌

読み方
音 ヨク
訓 ―

使い方
翌週　翌朝　翌春　翌日
翌年　翌月

部首 羽（はね）

書こう 翌

11画　ᄀ ᄀ ᄀ 羽 羽 羽 翌 翌 翌

晩

読み方
音 バン
訓 ―

使い方
晩秋　朝晩　今晩　晩飯
毎晩　晩春

部首 日（ひへん）

書こう 晩

12画　｜ 日 日 日 日 旷 旷 晩 晩 晩

暮

読み方
音 ボ
訓 くれる・くらす

使い方
日暮れ　明け暮れ　暮れ　暮らし
夕暮れ

部首 日（ひ）

書こう 暮

14画　一 十 十 十 甘 甘 莫 莫 莫 莫 莫 莫 暮

1　□に漢字を書きましょう。

一つ4点【40点】

① 正確な　□□□（じこく）。

② 大根を　□（きざ）む。

③ □□（くげん）の時間。

④ 目を　□（と）じる。

⑤ 雪の日の　□□（よくじつ）。

⑥ □□（よくしゅう）は運動会だ。

⑦ □□（あさばん）は冷える。

⑧ □□（まいばん）、本を読む。

⑨ 毎日の　□□（くらし）。

⑩ □□（ゆうぐ）れ時。

49

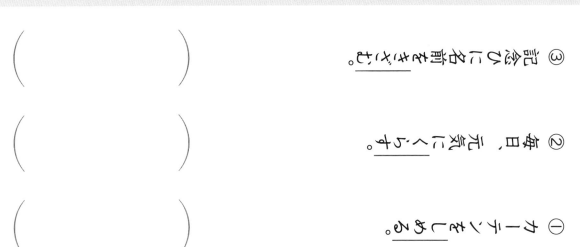

答え ▶ 107ページ

クイズ
「関」の赤い部分は、何画目に書くのかな？
① 5
② 6
③ 9

③ 記念に名前を<u>しるす</u>。
（　　　　　）

② 毎日、元気に<u>くらす</u>。
（　　　　　）

① カードを<u>くばる</u>。
（　　　　　）

3 ──の言葉を、漢字と送りがな（　）に書きましょう。　一つ5点【15点】

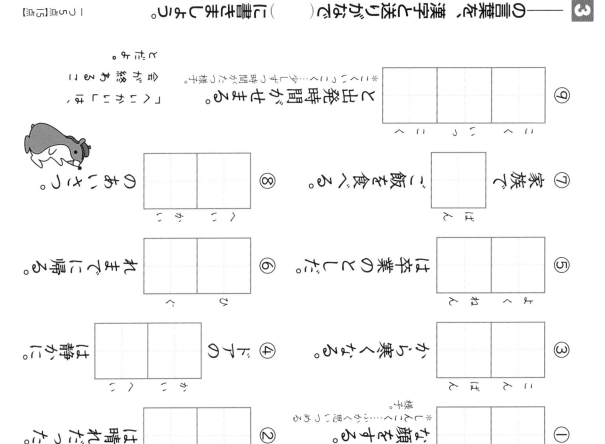

⑨ 　　□□□と出発時間がせまる。
＊もうすぐ……という時間がせまっている様子。

⑦ 家族で□□にご飯を食べる。

⑤ □□は卒業のとしだ。

③ □□から仕事へ行く。

① □□□な顔をする。
＊なんとなく心配するような様子。

② □□は晴れだった。

④ ドアの□□が□□静かに。

⑥ □□□れまで帰る。

⑧ □□のおこと。

2 □にあてはまる漢字を書きましょう。　一つ5点【45点】

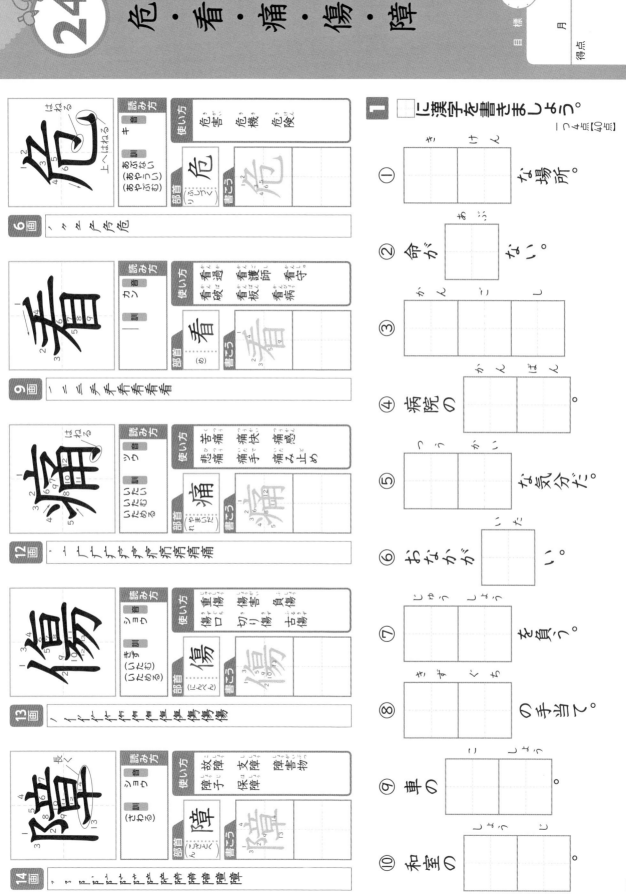

危

6画

読み方
音　キ
訓　あぶ(ない)
　　(あぶない)
　　(あぶむ)

上へはねる

使い方
危害　危機　危険

部首　りふしゃく

書こう

一ケ多ヂ乃危

看

9画

読み方
音　カン
訓　—

使い方
看過　看護師
看板　看病
看破　看守

部首　(め)

書こう

一二三チ产看看看看

痛

12画

読み方
音　ツウ
訓　いた(い)
　　いた(む)
　　いた(める)

はねる

使い方
悲痛　苦痛
痛手　痛快
痛み止め　痛感

部首　(やまいだれ)

書こう

一广广广广疒疒疖痛痛痛痛

傷

13画

読み方
音　ショウ
訓　きず
　　(いた(む))
　　(いた(める))

使い方
傷口　重傷　傷害
切り傷　負傷
古傷　傷心

部首　(にんべん)

書こう

ノイイゲゲ俨俨俨停停停傷傷

障

14画

読み方
音　ショウ
訓　(さわ(る))

長く

使い方
障子　支障　障害物
保障　故障

部首　(こざとへん)

書こう

了了阝阝阝阵障障障障障障障

1 □に漢字を書きましょう。
〔一つ4点　40点〕

① [きけん]な場所。

② 命が[あぶ]ない。

③ [かんごし]

④ 病院の[かんばん]。

⑤ [つうかい]な気分だ。

⑥ おなかが[いた]い。

⑦ [じゅうしょう]を負う。

⑧ [きずぐち]の手当て。

⑨ 車の[こしょう]。

⑩ 和室の[しょうじ]。

51

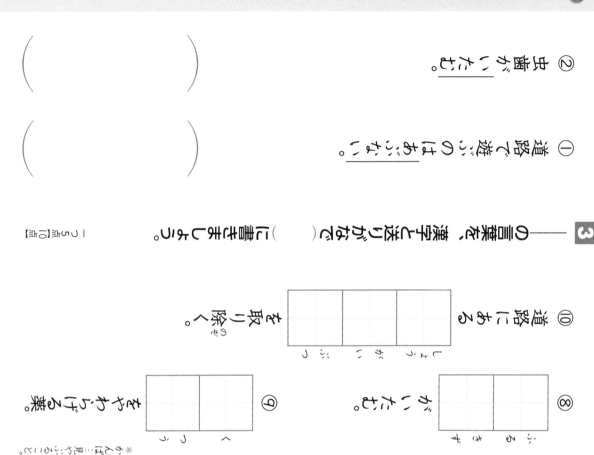

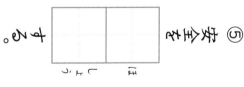

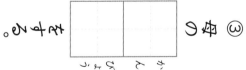

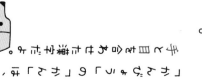

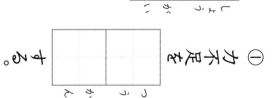

クイズ
「着」の部首は、どれかな？
あ（目）③（て）②（手）⑦（ヽ）①（の）

3 ──の言葉を、漢字と送りがな（　）に書きましょう。 1つ5点【10点】

① 道路で遊ぶのはあぶない。

（　　　　　　）

② 虫歯がいたむ。

（　　　　　　）

2 □にあてはまる漢字を書きましょう。 1つ5点【50点】

① 力不足を□□する。

② 事件が起こる。

③ 母の□□をする。

④ 国家の□□。

⑤ 安全を□□する。

⑥ 事故で□□を負う。

⑦ □□べんをたべる。
＊かんぶんとも見ます。

⑧ □□がいたむ。

⑨ □□をおよぼす。悪いえいきょう。

⑩ 道路にある□□□を取り除く。

「ちゅう」の「う」は消さないよ。手早く目をつけてね。

名前

1 □にあてはまる漢字を書きましょう。　一つ4点【40点】

① だ ん｜け　きそを作る。

② よ｜しゅう　に発売予定の本。
＊よしゅう…その次のしゅう

③ は ん｜しゅう　の山の写真。
＊はんしゅう…あきの終わりごろ。

④ て ん｜ほう｜だい　で休む。

⑤ 切り［きず］を治す。

⑥ 国宝の［え｜まき｜もの］。

⑦ ［こく｜もつ］を貯蔵する。

⑧ 音楽の［ちょ｜さく］権。

⑨ 水分の［じょう｜はつ］を防ぐ。

⑩ ［は く｜らん｜かい］に行く。

2 ──の言葉を、漢字と送りがなで（　）に書きましょう。　一つ4点【12点】

① 茶わんにご飯を<u>もる</u>。　（　　　　　）

② <u>しだい</u>に日が<u>くれる</u>。　（　　　　　）

③ ドアがひとりでに<u>しまる</u>。　（　　　　　）

4 同じ読み方で意味がちがう□に漢字を書きましょう。 【1つ4点/24点】

①
潮(しお)の□[かん]。
□[かん]満。 ＊満ちたり満ちた海が引いたりすること。
母は□[かん]護師だ。

②
身の安全を□[しょう]する。
品質を□[しょう]する。 ＊保障…責任をもつこと。
□[しょう]害事件が起きる。

---

3 ⎯の漢字の読みがなを書きましょう。 【1つ2点/24点】

①
大切に保持(　)する。
会を存続(　)させる。 ＊存続…引き続きあること。

②
校門を閉(　)じる。
平日は午後五時閉(　)館だ。

③
出発時刻(　)は七時だ。
手が小刻(　)みにふるえる。

④
病人の命が危(　)ない。
この場所は危(　)険だ。

⑤
おくれて申し訳(　)ない。
英語の通訳(　)をする。

⑥
足を痛(　)める。
悲痛(　)なさけび声。

映・俳・優・創・幕

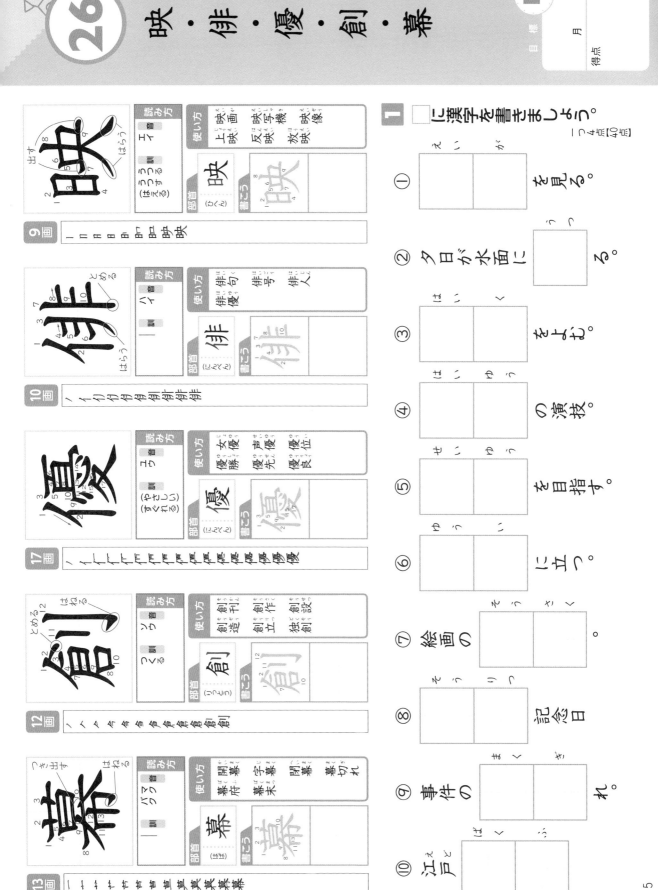

映 9画
読み方 音 エイ／訓 うつる うつす （はえる）
使い方 上映 反映 放映／映画 映写機 映像
部首（ひへん）

俳 10画
読み方 音 ハイ
使い方 俳句 俳優 俳号 俳人
部首（にんべん）

優 17画
読み方 音 ユウ／訓 （やさしい）（すぐれる）
使い方 優勝 女優 声優 優位 優先 優良
部首（にんべん）

創 12画
読み方 音 ソウ／訓 （つくる）
使い方 創造 創立 独創 創作 創刊 創設
部首（りっとう）

幕 13画
読み方 音 バク マク／訓
使い方 幕府 幕末 開幕 閉幕 字幕 幕切れ 幕が開く
部首（はば）

1 □に漢字を書きましょう。
（一つ4点 40点）

① [えいが] を見る。

② 夕日が水面に [うつ] る。

③ [はいく] をよむ。

④ [はいゆう] の演技。

⑤ [ゆうしょう] を目指す。

⑥ [ゆうい] に立つ。

⑦ 絵画の [そうさく] 。

⑧ [そうりつ] 記念日

⑨ 事件の [まくぎ] れ。

⑩ 江戸 [ばくふ]

クイズ
「幕」を「ばく」と読むのは、どれかな?
① 幕府　② 字幕　③ 幕切れ

3 ──の言葉を、漢字と送りがな（　）に書きましょう。　【1つ5点/10点】

① 童話を＿＿つくる。（　　　　　）

② 鏡に顔を＿＿うつす。（　　　　　）

2 □にあてはまる漢字を書きましょう。　【1つ5点/50点】

① プロ野球が　□□（か・ま）する。

② あざやかな　□□（え・ぞ）。

③ 全国大会で　□□（しゅつ・じょう）する。

④ 情報誌を　□□（そう・かん）する。

⑤ テレビで　□□（ほう・えい）される。

⑥ □□（はい・ゆう）の見事な演技。

⑦ 病院を　□□（そう・りつ）する。
*そうりつ…はじめてつくること。

⑧ □□（はつ・まい）の日本人。

⑨ □□（ゆう・しょう）順位を決める。
*ゆうしょう…はじめてすること。

⑩ 松尾芭蕉は昔の　□□（はい・じん）の作品を味わう。
*はいじん…俳句をつくる人。

②の⑤の「えい」は「映」、⑩の「はい」は、意味があるよ。

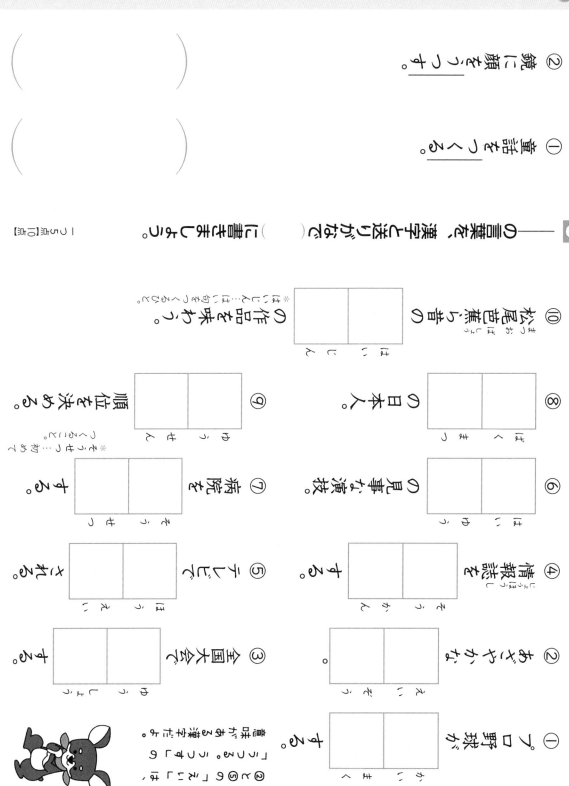

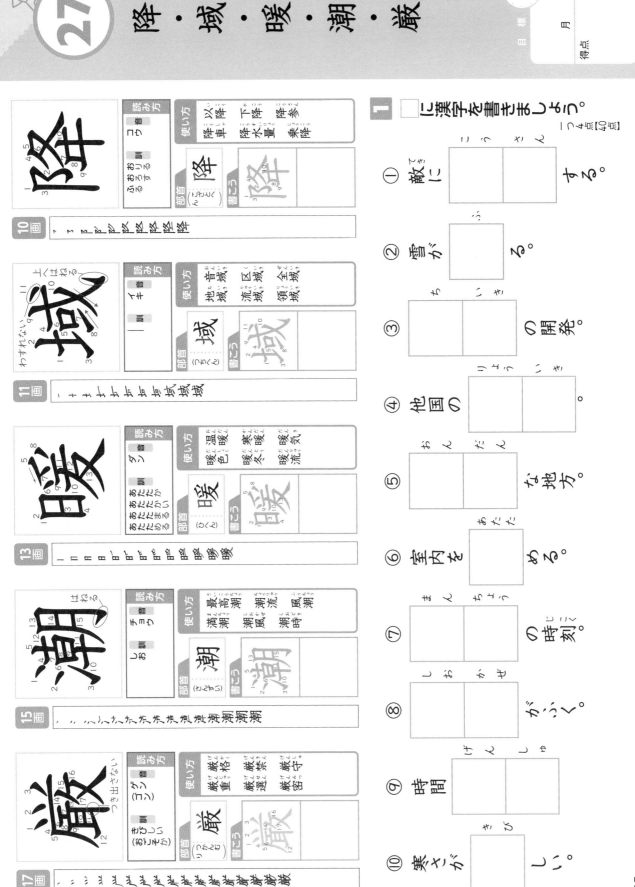

27 降・域・暖・潮・厳

読み方・使い方・書き方（各漢字の練習）

降 10画　コウ／ふる・おろす・おりる　部首（こざとへん）
域 11画　イキ　部首（つちへん）
暖 13画　ダン／あたたか・あたたかい・あたためる・あたたまる　部首（ひへん）
潮 15画　チョウ／しお　部首（さんずい）
厳 17画　ゲン・(ゴン)／きびしい・(おごそか)　部首（がんだれ）

1 □に漢字を書きましょう。
一つ4点【40点】

① 敵（てき）に□□する。（こうさん）
② 雪が□る。（ふ）
③ □□の開発。（ちいき）
④ 他国の□□。（りょういき）
⑤ □□な地方。（おんだん）
⑥ 室内を□める。（あたた）
⑦ □□の時刻（じこく）。（まんちょう）
⑧ □□がふく。（しおかぜ）
⑨ 時間□□。（げんしゅ）
⑩ 寒さが□しい。（きび）

57

クイズ

「厳」の部首は、どれかな？
① にんべん
② てへん
③ 父(ちちへん)

3 ――の言葉を、漢字と送りがなで( )に書きましょう。 1つ5点【15点】

① 飛行機が<u>おりる</u>。
（　　　　　）

② この地方は<u>あたたかい</u>。
（　　　　　）

③ 暑さが<u>きびしい</u>。
（　　　　　）

2 □にあてはまる漢字を書きましょう。 1つ5点【45点】

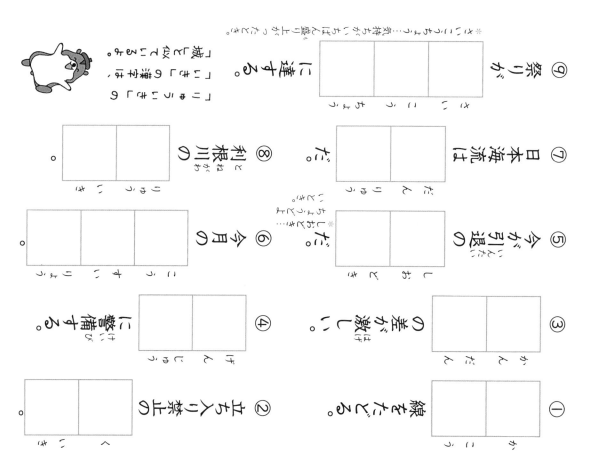

① [　　]線をかく。

② 立ち入り禁止の[　　]。

③ [　　]の差が激しい。

④ [　　]に整備する。

⑤ 今が引き退の[　　]。
　※「おりる」は…

⑥ 今月の[　　]。

⑦ 日本海流は[　　]だ。
　※「あたたかい」は…

⑧ 利根川の[　　]。

⑨ 祭りが[　　]に達する。
　※「きびしい」は…

「じょうげ」は「上下」で、
　「さゆう」は「左右」だよ。

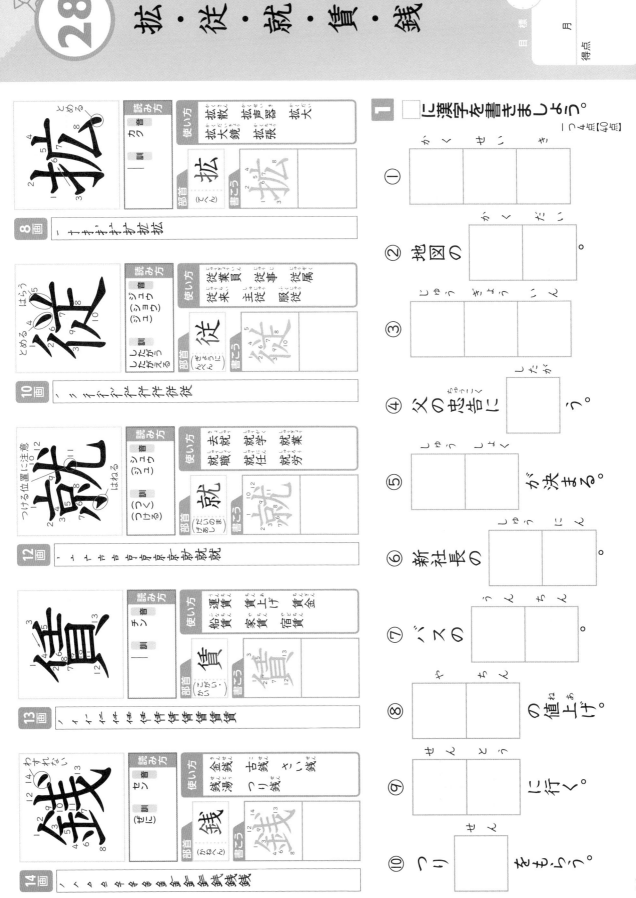

拡

読み方
音 カク
訓 ―

使い方
拡大鏡　拡張　拡散　拡声器　拡大

部首（てへん）

8画　一　扌　扌　扩　扩　拡

従

読み方
音 ジュウ（ジュ）（ショウ）
訓 したがう　したがえる

使い方
従業員　従来　主従　服従　従事　従属

部首（ぎょうにんべん）

10画　一　彳　彳　往　往　往　往　従

就

つける位置に注意

読み方
音 シュウ（ジュ）
訓 つく　つける

使い方
就職　就学　就任　就業　去就　就労

部首（だいのまげあし）

12画　一　亠　十　古　古　亨　亨　京　京　就　就　就

賃

読み方
音 チン
訓 ―

使い方
運賃　家賃　宿賃　船賃　賃上げ　賃金

部首（かい・こがい）

13画　亻　亻　仟　仟　仟　仟　侟　侟　侟　賃　賃

銭

読み方
音 セン
訓 （ぜに）

使い方
銭湯　古銭　つり銭　金銭　さい銭

部首（かねへん）

14画　一　牛　牛　牟　牟　牟　金　金　釒　針　鈝　銭　銭

1 □に漢字を書きましょう。
一つ4点【40点】

① ［かく　せい　き］

② 地図の［かく　だい］。

③ ［じゅう　ぎょう　いん］

④ 父の忠告に［したが］う。

⑤ ［しゅう　しょく］が決まる。

⑥ 新社長の［しゅう　にん］。

⑦ バスの［うん　ちん］。

⑧ ［か　ちん］の値上げ。

⑨ ［せん　とう］に行く。

⑩ つり［せん］をもらう。

59

2 □にあてはまる漢字を書きましょう。

1つ4点【60点】

① 父と二人で□□に行く。

② 農業に□□する。

③ 高額の□□を□う。

④ 正しい□□感覚。

⑤ □□の規則が変わる。
＊前から…ではなく、…前から…に変わる。

⑥ 朝九時に□□する。

⑦ 旅館に□□を□く。

⑧ □□□を使う。

⑨ 命令に□□する。

⑩ 親の忠告に□う。

⑪ 道路を□□する。

⑫ ヨーロッパの□□。

⑬ 神社におまいりには□□を使える。

⑭ かくへ兵器の□□を防止する。

⑮ 年れいに□□する。

「しゅう」は同音異義語の「修」があるので注意しましょう。

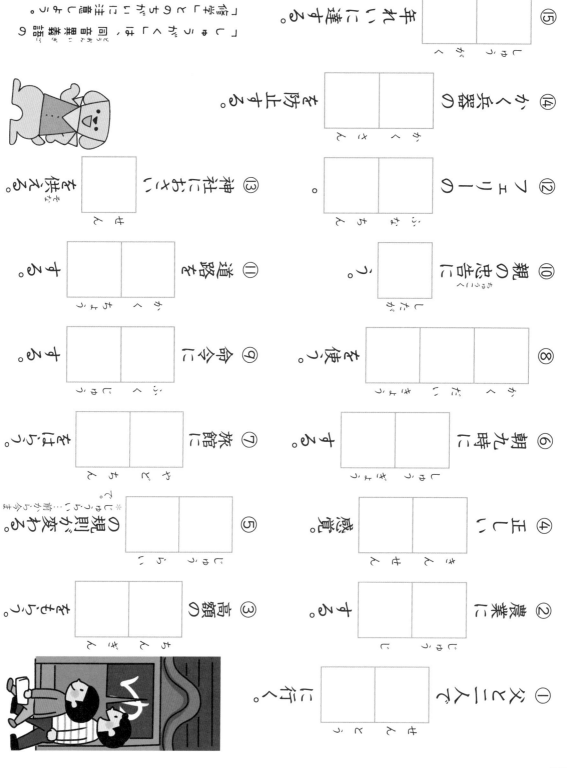

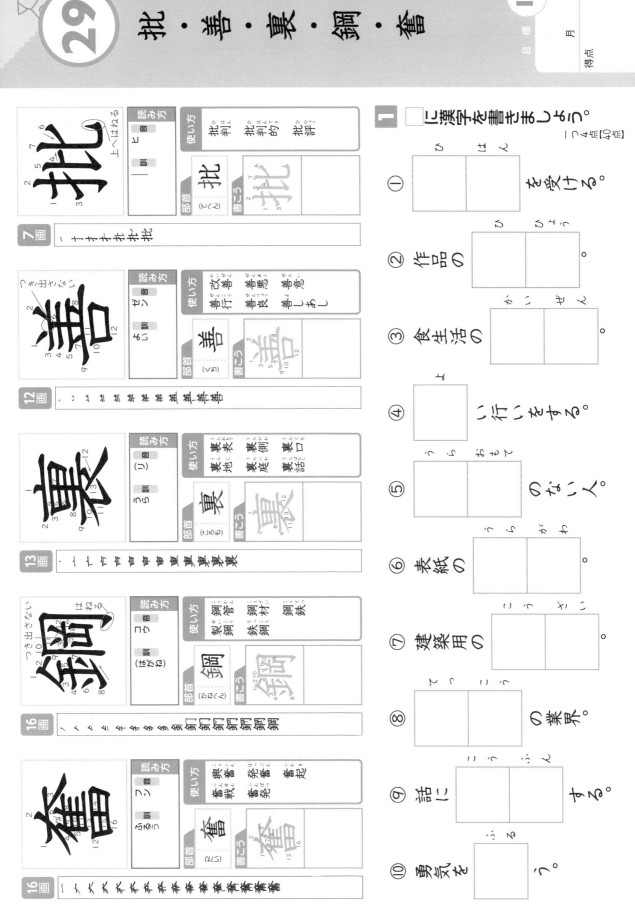

批

上へはねる

読み方
音　ヒ
訓　|

使い方
批判　批判的　批評

部首
（てへん）

書こう
批

7画　一 ナ 扌 扌 打 批 批

善

つき出さない

読み方
音　ゼン
訓　よい

使い方
改善　善悪　善意
善行　善良　善し悪し

部首
（くち）

書こう
善

12画　` ` ヾ 芏 兰 羊 羊 羊 美 美 善 善

裏

読み方
音　リ
訓　うら

使い方
裏地　裏表　裏話し
裏庭　裏側　裏口

部首
（ころも）

書こう
裏

13画　一 ー 亠 亠 古 古 亩 車 車 軎 裏 裏 裏

鋼

つき出さない　はねる

読み方
音　コウ
訓　（はがね）

使い方
製鋼管　鋼鉄
鋼材　鉄鋼

部首
（かねへん）

書こう
鋼

16画　ノ ト 厂 午 年 牟 余 金 釘 釘 鈪 鈪 鋼 鋼 鋼 鋼

奮

読み方
音　フン
訓　ふるう

使い方
奮戦　発奮　奮起
興奮　奮発

部首
（だい）

書こう
奮

16画　一 ナ 大 木 杰 杰 本 奮 奮 奮 奮 奮 奮 奮 奮 奮

1 □に漢字を書きましょう。
一つ4点【40点】

① □□（ひ・はん）を受ける。

② 作品の□□（ひ・ひょう）。

③ 食生活の□□（かい・ぜん）。

④ □（よ）い行こをする。

⑤ □□（うら・おもて）のない人。

⑥ 表紙の□□（うら・がわ）。

⑦ 建築用の□□（こう・ざい）。

⑧ □□（てっ・こう）の業界。

⑨ 話に□□（こう・ふん）する。

⑩ 勇気を□（ふる）う。

クイズ
「裏」の部首は、どれかな？
① 𠂉（がんだれ）② 里（さと）③ 衣（ころも）

3 ——の言葉を、漢字と送りがな（　）に書きましょう。
1つ5点【10点】

② 気力を_____う。（　　　　　）

① 上に行を_____める。（　　　　　）

2 □にあてはまる漢字を書きましょう。
1つ5点【50点】

① 事件の□□を聞く。

② □□を作る工場。
※はがね……てつからつくる

③ □□して勉強する。
※むちゅうに……なること

④ □□をあたえる。

⑤ □□のような書き方。

⑥ □□に桜の木がある。

⑦ □□な市民。

⑧ □□をつなぐ。

⑨ □□□な態度で意見を述べる。

⑩ 共同□金は、多くの人々の□□で行われる。

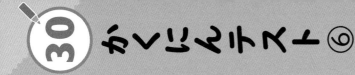

30 かくにんテスト⑥

名前

目標 15分
月 日
得点 点

1 □にあてはまる漢字を書きましょう。　1つ4点【40点】

① 写真を〔かく　だい〕する。

② 電車の〔うん　ちん〕をはらう。

③ 関東〔せん　こ〕が雨だ。

④ 近くに〔せん　とう〕がある。
　＊せんとう…ふろ屋。

⑤ 人気のある〔は　い　ゆう〕。

⑥ 出版社に〔しゅう　しょく〕する。

⑦〔こう　ぶん〕しょをけす。

⑧〔て　い　こう〕を生産する工場。

⑨ 洋服の青い〔う　ら　じ〕。
　＊うらじ…衣服のうらに付けるうらぎれ。

⑩〔ひ　はん　てき〕な意見。

2 ――の言葉を、漢字と送りがなで（　）に書きましょう。　1つ4点【12点】

① 鏡に顔が<u>うつる</u>。　（　　　　　　）

② 部屋が<u>あたたまる</u>。　（　　　　　　）

③ 先生の指示に<u>したがう</u>。　（　　　　　　）

63

5 □にあてはまる漢字を書きましょう。 【1つ4点/16点】

② □□（じゅうきょ）に□□□（こうきゅう）が支はらわれる。

① □□（おんだん）な□□（きこう）に住んでいる。

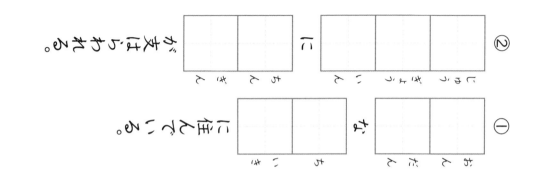
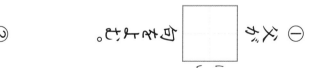
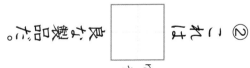

4 部首が「イ（にんべん）」「阝（こざとへん）」の漢字を書きましょう。 【1つ4点/8点】

① 父が□（はい）句をよむ。

② これは□（ゆう）良な製品だ。

3 ——の漢字の読みがなを書きましょう。 【1つ2点/24点】

① 創造性が豊かな作品。（　　　　）　　詩を創る。（　　　　）

② 潮風がここちよい。（　　　　）　　時代の潮流に乗る。（　　　　）
　　　　　　　　　　　　　　　　　　　※潮流…世の中の移り変わり。

③ 弟の善行にはげむ。（　　　　）　　善悪の区別をする。（　　　　）

④ 大雨が降る。（　　　　）　　降水量が多い年。（　　　　）

⑤ 江戸幕府の将軍。（　　　　）　　プロ野球が開幕する。（　　　　）

⑥ 残暑が厳しい。（　　　　）　　火気厳禁の場所。（　　　　）

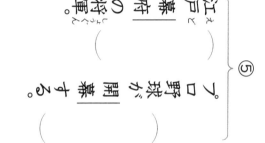
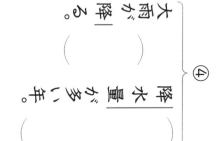
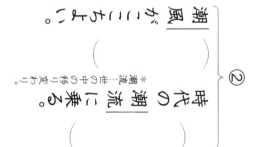

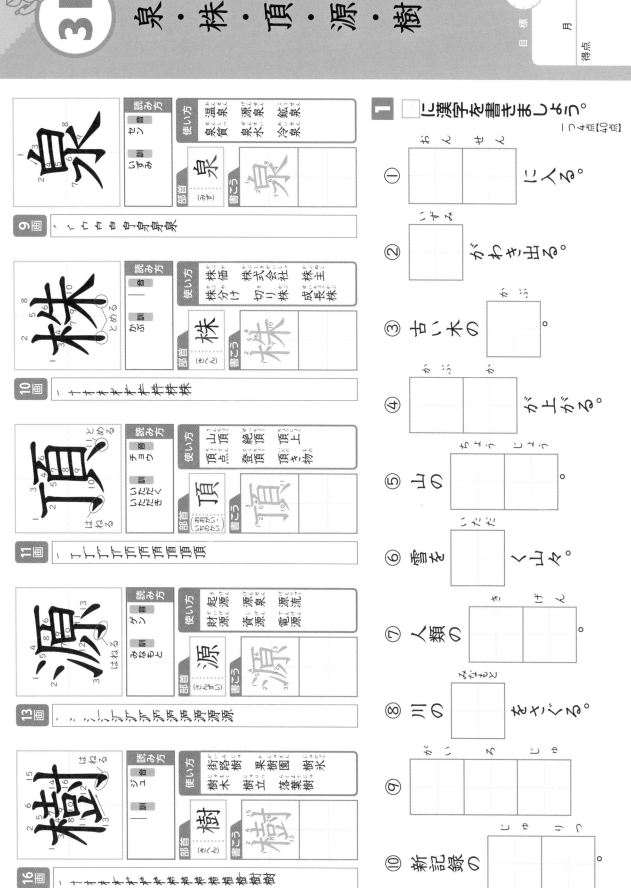

目標 10分　月　日　点　得点

泉

読み方　音 セン　訓 いずみ

使い方　温泉に入る／泉質のよい泉／源泉かけ流し／鉱泉・冷泉

部首（みず）

9画　く　ケ　白　白　白　身　泉　泉

株

読み方　音 —　訓 かぶ

使い方　株分け／株価／切り株／株式会社／株主／成長株・長株

部首（きへん）

10画　一　十　オ　木　朴　朴　株　株

頂

読み方　音 チョウ　訓 いただく・いただ(く)

使い方　頂上／山頂点／絶頂／登頂／頂き物／頂上

部首（おおがい・いちのかい）

11画　一　丁　丁　玎　玎　珀　珀　頂　頂

源

読み方　音 ゲン　訓 みなもと

使い方　起源／財源／資源・源泉／電源・源流

部首（さんずい）

13画　、　ミ　ラ　沪　沪　沪　沪　沪　源　源　源　源

樹

読み方　音 ジュ　訓 —

使い方　樹木・街路樹／樹立／落葉樹／果樹園／樹園／樹木

部首（きへん）

16画　一　十　オ　木　木　柞　柞　枯　枯　枯　桔　桔　桔　樹　樹　樹

---

1 □に漢字を書きましょう。

一つ4点【40点】

① おんせん に入る。

② いずみ がわき出る。

③ 古い木の かぶ 。

④ かぶか が上がる。

⑤ 山の ちょうじょう 。

⑥ 雪を いただ く山々。

⑦ 人類の きげん 。

⑧ 川の みなもと をさぐる。

⑨ がいろじゅ 。

⑩ 新記録の じゅりつ 。

65

クイズ

いちばん画数が多いのは、どれかな？
① 林　② 頂　③ 東

2 □にあてはまる漢字を書きましょう。　一つ4点【60点】

① なし□□□の
「〇〇ちゃん」、まるでほんものの赤ちゃんのようだね。

② □□のことで休む。

③ 富士山の□□にとうちょうする。

④ 川の□□□をくらべる。

⑤ □□切り

⑥ □□□の森

⑦ 古代文明の□。
※たんさ…さがし調べること。

⑧ 人気の□□芸人。
※ちょうりし…調理をすることがしごとの人。

⑨ 新人の□□□に…
※たいぼう…前々から待ちのぞんでいたこと。
先生に期待されて…ほめられ…から。

⑩ 地下□□の開発。

⑪ 山の□□□に立つ。

⑫ キ物の果物を食べる。

⑬ □□□□がわへ…
※けんりゅう…水が流れいく先のほうへ向かうこと。

⑭ 歴史ある宿の□□。
※おんせん…地中から流し出る温かい湯。

⑮ □□□は、秋から冬にかけてとれるくだものだ。

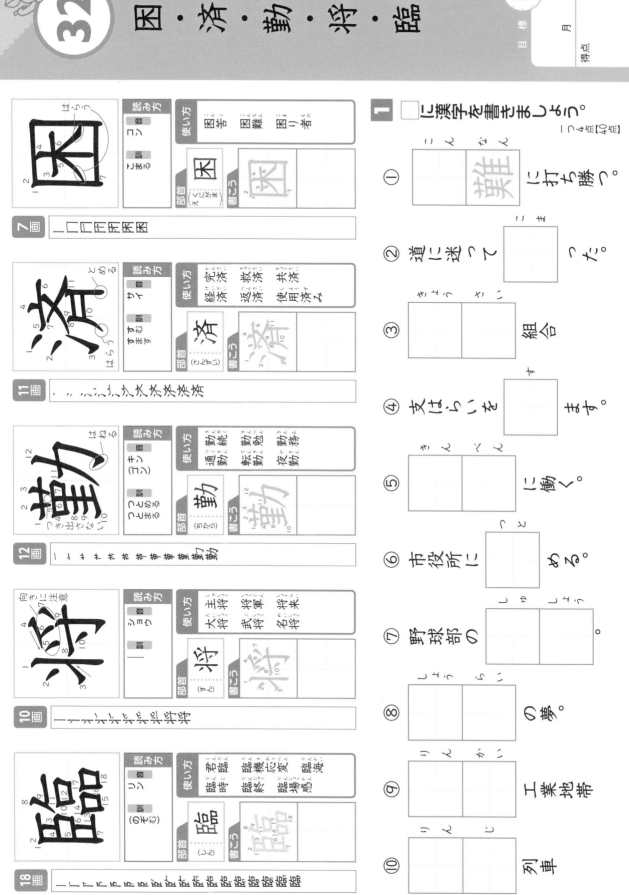

32 困・済・勤・将・臨

目標 10分

月 日 日 点

得点

困

読み方
音 コン
訓 こま-る

使い方
困苦
困難
困り者

部首 囗（くにがまえ）

書こう 困

7画 | 冂 冂 用 用 困 困

済

読み方
音 サイ
訓 す-む　す-ます

使い方
経済　完済
返済　救済
使用済み　共済

部首 氵（さんずい）

書こう 済

11画 丶 冫 冫 氵 汝 浐 浐 済 済 済 済

勤

読み方
音 キン　（ゴン）
訓 つと-める　つと-まる

使い方
通勤　勤続
転勤　勤勉
夜勤　勤務

部首 力（ちから）

書こう 勤

12画 一 十 卝 卝 芇 苩 苩 莗 革 堇 勤 勤

将

読み方
音 ショウ
訓 —

使い方
大将　主将　将来
武将　将軍
名将

部首 寸（すん）

書こう 将

向きに注意

10画 丬 丬 丬 丬 丬 护 护 将 将

臨

読み方
音 リン
訓 （のぞ-む）

使い方
臨君　臨時　臨機応変　臨終　臨場感　臨海

部首 臣（しん）

書こう 臨

18画 一 广 广 户 户 臣 臣 臣 臣 臣 距 距 距 距 距 距 臨 臨

---

1 □に漢字を書きましょう。

一つ4点【40点】

① こん　なん
□ 難 に打ち勝つ。

② 道に迷って こま った。

③ きょう　さい
□ □ 組合

④ 支はらいを す ます。

⑤ きん　べん
□ □ に働く。

⑥ 市役所に つと める。

⑦ 野球部の しゅ　しょう 。

⑧ しょう　らい
□ □ の夢。

⑨ りん　かい
□ □ 工業地帯

⑩ りん　じ
□ □ 列車

67

クイズ

「済」を「サイ」と読むのは、どれかな？
① 救済　② 経済　③ 共済

③ 会社に___める。
（　　　　　　）

② 返事に___まる。
（　　　　　　）

① 食事が___む。
（　　　　　　）

3 ──の言葉を、漢字と送りがな（　）に書きましょう。
1つ5点【15点】

⑨ ［り□ん□］［き□］［おう□］［へん□］に対応する。
＊「りん…」のとき、その場をおさめたり、きりぬけたりすること。

⑦ 難民を［きゅう□］［さい□］する。

⑤ 市役所に［しん□］［せい□］する。

③ 国の［はっ□］［てん□］する。

① 自転車で［き□］［せい□］する。

⑧ 本社に［てん□］［きん□］になる。

⑥ 借金を［へん□］［さい□］する。

④ 戦国の［ぶ□］［しょう□］の勇姿。

② ［せい□］［かく□］につたえる。

2 □にあてはまる漢字を書きましょう。
1つ5点【45点】

33 警・視・片・補・署

目標 10分

月　日　点

得点

警

読み方
音 ケイ
訓 ―

使い方
警察 警告する
警官 警備
警報 警戒
警視 警讀

部首 言（いう）

書こう 警

19画
ゝ ゝ ゛ ゛ ゛ ゛ 苟 苟 苟 荷 敬 敬 敬 整 整 警 警 警 警

視

読み方
音 シ
訓 ―

使い方
重視 視界 視点
視力 視野
無視

部首 見（みる）

書こう 視

11画
ゝ ゛ ネ ネ ネ 初 初 神 神 視 視

庁

読み方
音 チョウ
訓 ―

使い方
官庁 県庁
庁舎 警視庁
支庁 登庁

部首 广（まだれ）

書こう 庁

5画
ゝ 广 广 庁

補

読み方
音 ホ
訓 おぎなう

使い方
補強 補助 補足
候補 補給
警部補

部首 衤（ころもへん）

書こう 補

12画
ゝ ゛ ネ ネ ネ ネ 初 袖 袖 補 補 補

署

読み方
音 ショ
訓 ―

使い方
署名 税務署
消防署 署長
部署 警察署

部首 罒（あみがしら・あみめ）

書こう 署

13画
ゝ 罒 罒 罒 罒 罒 罒 署 署 署 署 署 署

---

1 □に漢字を書きましょう。

一つ4点【40点】

① □□（けいこく）を発する。

② 大雨特別□□（けいほう）

③ □□（しかい）が開ける。

④ □□（しりょく）検査

⑤ □□□（けいしちょう）

⑥ □□□（けんちょう）に行く。

⑦ 優勝□□（こうほ）

⑧ 不足分を□（おぎな）う。

⑨ □□□□（けいさつしょ）

⑩ □□（ぶしょ）が変わる。

69

クイズ

「補」の赤い部分は、何画目に書くのかな？
① 6
② 7
③ 11

---

2 □にあてはまる漢字を書きましょう。 1つ4点【60点】

① 人から□□される。（しんらい）

② □□燃料を□□する。（ほきゅう）

③ 大臣を□□する。（はいけい）

④ 税務しょの□□の。（しょくいん）

⑤ 街にある店□□。（かちょう）

⑥ □□火に防ぐ。（ぼうさい）

⑦ 規則を□□する。（むし）

⑧ □□運動をする。（しめい）

⑨ 夜間の□□の仕事。（けいび）

⑩ 大豆を□□う。（おぎな）

⑪ 説明を□□する。（ほそく）

⑫ □□を変えて考える。（してん）

⑬ □□□の職務を終える。（けいさつ）

⑭ 市役所の□□が建てかえられる。（ちょうしゃ）

⑮ □□□□を見学する。（しょうぼうしょ）

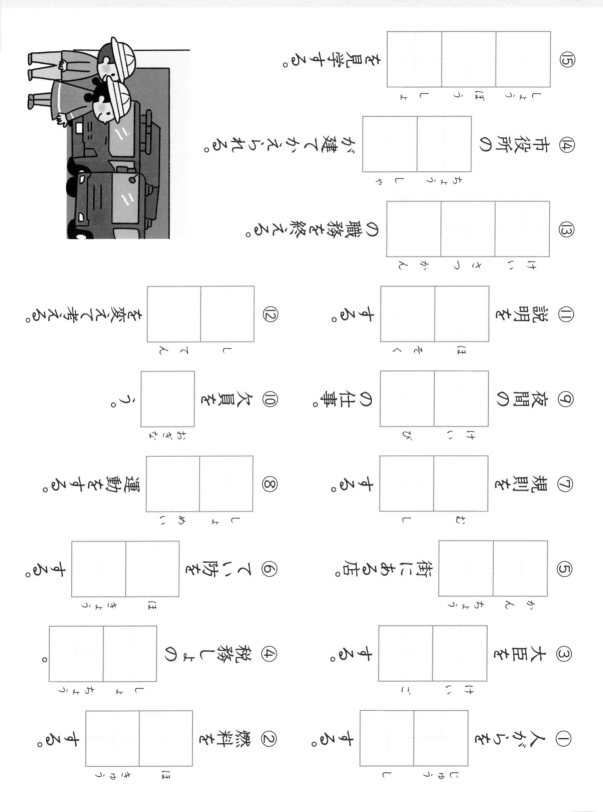

否・推・裁・疑・誤

否

読み方
音 ヒ
訓 (いな)

使い方
賛否　安否
否決　可否
否定　合否

部首（くち）

7画　一　ア　不　不　否　否

推

読み方
音 スイ
訓 (おす)

使い方
推定　推移
推理　推進
推量　推測

部首（てへん）

11画　一　十　才　打　打　拦　拦　拦　推

裁

読み方
音 サイ
訓 (たつ)（さばく）

使い方
裁判　決裁
制裁　最高裁
洋裁　裁断

部首（ころも）

12画　一　十　ま　ま　ま　ま　おお　栽　栽　裁　裁

疑

読み方
音 ギ
訓 (うたがう)

使い方
質疑　疑心
半信半疑　疑問
疑念　容疑者

部首（ひき）

14画　ヒ　ヒ　ヒ　ド　ド　弄　実　実　実　好　好　辞　疑　疑

誤

読み方
音 ゴ
訓 (あやまる)

使い方
誤字　誤解　誤差
誤報　誤算
正誤　誤算

部首（ごんべん）

14画　ヽ　ヽ　ヽ　言　言　言　言　記　記　誤　誤　誤

---

1 □に漢字を書きましょう。

一つ4点【40点】

① 入試の □□（ごうひ）。

② 提案を □□（けつ）する。

③ 事業の □□（すいしん）。

④ □□（すいり）小説

⑤ □□（さいばん）で争う。

⑥ 公平に □（さば）く。

⑦ □□（ぎねん）をいだく。

⑧ 犯行を □（うたが）う。

⑨ □□（ごかい）がとける。

⑩ 文字の □（あやま）り。

71

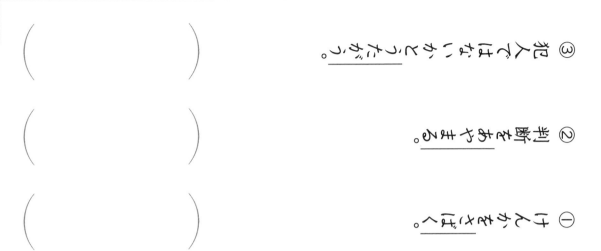

クイズ
「裁」の部首は、どれかな?
①土（ど）②衣（ころも）③戈（ほこがまえ）

3 ──の言葉を、漢字と送りがな（　）に書きましょう。　一つ5点【15点】

③ 犯人は　にがした　だろう。

（　　　　　　　）

② 判断を　あやまる。

（　　　　　　　）

① けんを　ぬく。

（　　　　　　　）

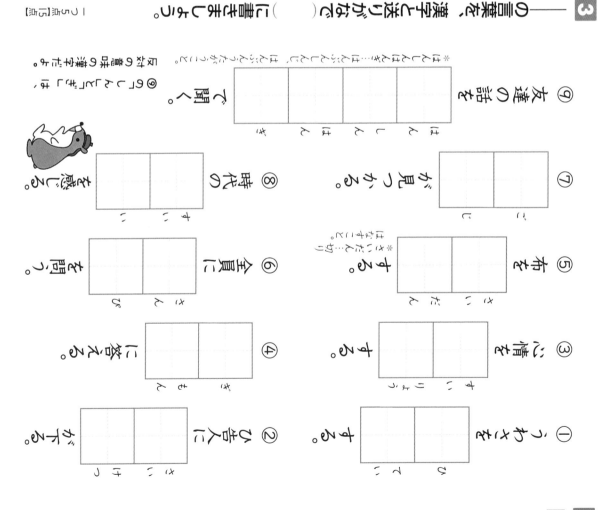

2 □にあてはまる漢字を書きましょう。　一つ5点【45点】

1 □にあてはまる漢字を書きましょう。　1つ4点【40点】

① 朝食はぐっと［すﾑ］ます。

② ［しょうらい］のことを考える。

③ 山の［ちょうてん］に立つ。

④ ［けいしちょう］に行く。

⑤ けんかを［さば］く。

⑥ ［がろう］が色つく。

⑦ 暴力を［ひてい］する。

⑧ 市の［しょうぼうしょ］。

⑨ 犯人を［すいり］する。

⑩ ［りんじょうかん］のある映画。

*りんじょうかん…その場所にいるようなかんじ。

2 ──の言葉を、漢字と送りがな（　）に書きましょう。　1つ4点【12点】

① 計算をあやまる。

（　　　　　　　）

② くわしい説明をおこなう。

（　　　　　　　）

③ 立派な品物をいただく。

（　　　　　　　）

5 □に同じ読み方で意味がちがう漢字を書きましょう。 【1つ2点16点】

①
- 県□前の通り。（ちょう）
- 山□のながめ。（ちょう）

③
- 親の□を解く。（ご）
- 迷子を保□する。（ご）

②
- 残□がきびしい。（こく）
- 警察の□長。（しょ）

④
- 借金を返□する。（さい）
- 母は洋□店で学んだ。（さい）
  ※洋□…洋服をつくること。

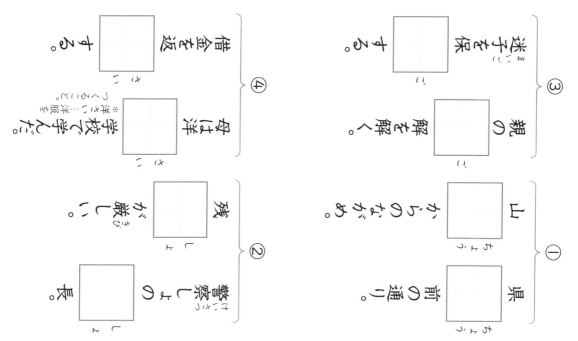

4 □に部首が「オ（きへん）」の漢字を書きましょう。 【1つ4点8点】

①
- 大きな□が立ちならぶ。（じゅ）
- 木が立たないように進む。

②
- □会社を立ち上げる。（かぶ）
- 式□。（かぶ）

3 ──の漢字の読みがなを書きましょう。 【1つ3点24点】

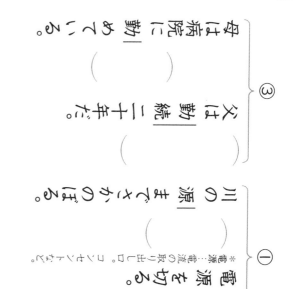

①
- 電源を切る。（　　　）
  ※電源…電流の取り入れ口。
- 川の源までさかのぼる。（　　　）

③
- 父は勤続二十年だ。（　　　）
- 母は病院に勤めている。（　　　）

②
- 温泉がわく。（　　　）
- 知識が泉のようにわく。（　　　）

④
- 弟はわがままで困る。（　　　）
- 困難な問題が発生する。（　　　）

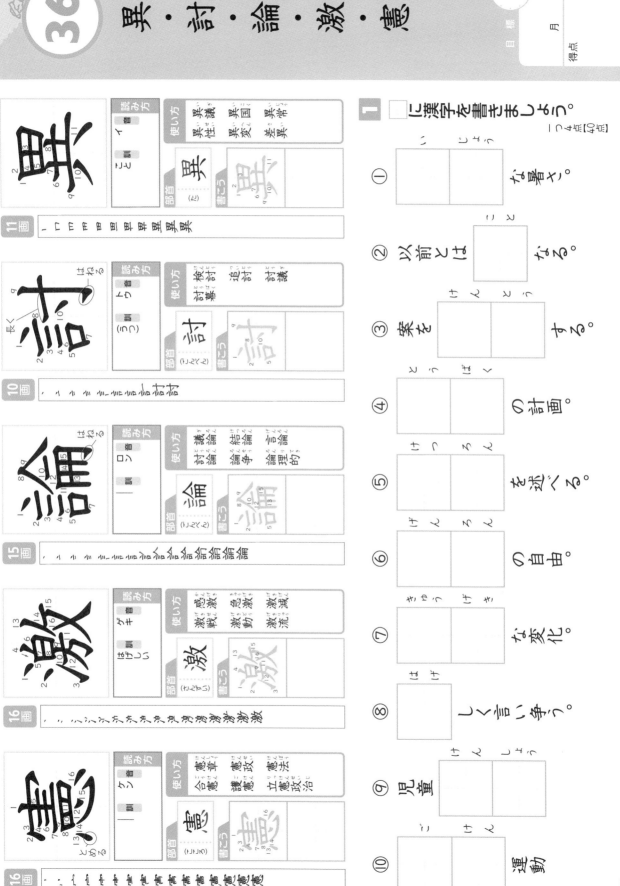

異

11画　一丁丌丌曰田田里異異異

読み方　音 イ　訓 こと（なる）

使い方
異性　異変　差異
異議　異変　異異
異国　異常

部首 田（た）

討

10画　、宀亠主言言言言計討

読み方　音 トウ　訓 う（つ）

使い方
討幕　検討　追討　討議
討議

部首 言（ごんべん）

論

15画　、宀亠主言言言言論論論論論論論

読み方　音 ロン

使い方
討論　議論　結論　論文
論争　論理　言論
論的

部首 言（ごんべん）

激

16画　、氵氵氵沪沪沪泸泸泸泸激激激

読み方　音 ゲキ　訓 はげ（しい）

使い方
激戦　感激　急激　激減
激動　激流　減

部首 氵（さんずい）

憲

16画　、宀宀宀宀宀宪宪宪宝宝宝憲憲憲憲

読み方　音 ケン

使い方
合憲　憲章　憲法
護憲　憲改　改政治
立憲　政治

部首 心（こころ）

---

1 □に漢字を書きましょう。

一つ4点【40点】

① [　　][　　]な暑さ。（い　じょう）

② 以前とは[　　]なる。（こと）

③ 案を[　　][　　]する。（けん　とう）

④ [　　][　　]の計画。（とう　ばく）

⑤ [　　][　　]を述べる。（けつ　ろん）

⑥ [　　][　　]の自由。（げん　ろん）

⑦ [　　][　　]な変化。（きゅう　げき）

⑧ [　　]しく言い争う。（はげ）

⑨ 児童[　　][　　]。（けん　しょう）

⑩ [　　][　　]運動。（ご　けん）

76

答え ▶ 109ページ

クイズ
「慶」の赤い部分は、何画目に書くのかな？
① 7
② 5
③ 4
④ 1

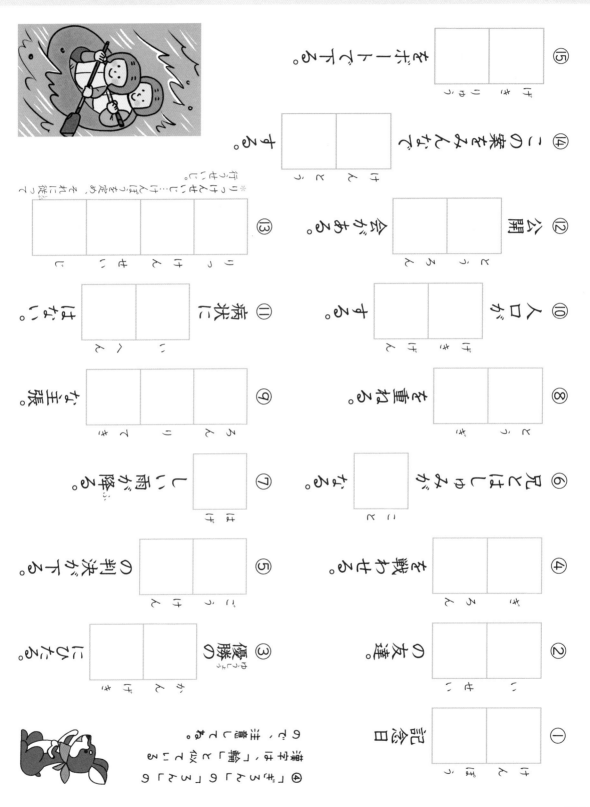

2 □ □ にあてはまる漢字を書きましょう。

④「まい」「ひょう」「ぞう」「りん」の漢字は、「輪」「枚」「蔵」の三字です。どれにつくか、注意しよう。

① □□ 記念日

② □□ の友達

③ 優勝の □□□ にひたる。

④ □□ を戦わせる。

⑤ □□□ の判決が下る。

⑥ 兄とはしゆが □□ になる。

⑦ □□ しい雨が降る。

⑧ □□ を重ねる。

⑨ □□□□ な主張。

⑩ 人口が □□ する。

⑪ 病状に □□ はない。

⑫ 公開 □□ 会がある。

⑬ □□□□ につけこまれないように……と、ぼくは弟に注意しておいたのに、それがてきなかった。

⑭ □□ の葉をてんぷらにする。

⑮ □□□ をボートでくだる。

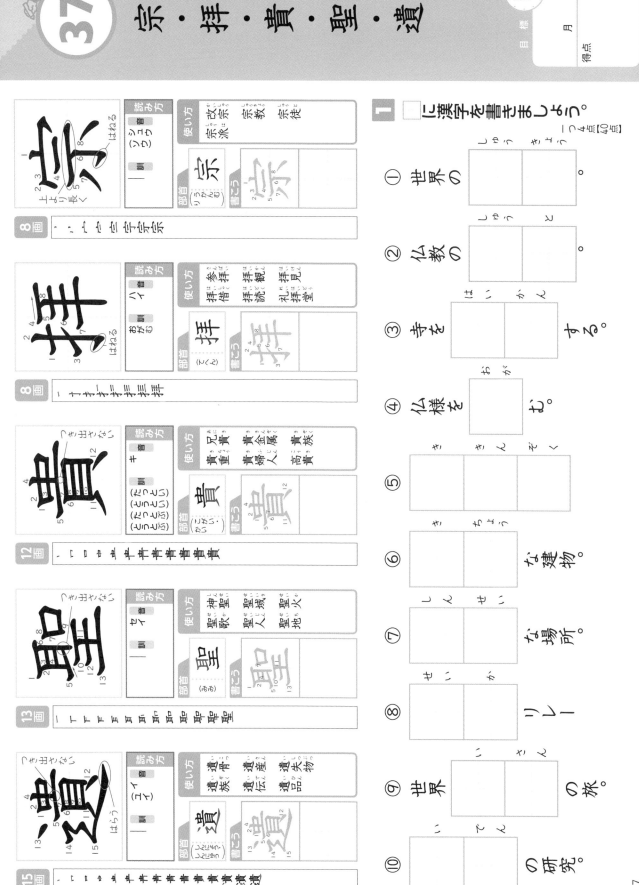

1 □に漢字を書きましょう。

① 世界の[しゅう][きょう]。

② 仏教の[しゅう][と]。

③ 寺を[はい][かん]する。

④ 仏様を[おが]む。

⑤ [き][きん][ぞく]。

⑥ [き][ちょう]な建物。

⑦ [しん][せい]な場所。

⑧ [せい][か]リレー。

⑨ 世界[い][さん]の旅。

⑩ [い][でん]の研究。

クイズ

「聖」の部首は、どれかな？

① 耳（みみ）
② 口（くち）
③ 王（おう）

2 □にあてはまる漢字を書きなさい。 1つ4点【合計60点】

① 車内の □□□。

② 初日の □を□む。

③ 平安時代の □□。

④ □□をおぎなう。

⑤ 教会の □□。

⑥ □□をお墓に納める。

⑦ 世界の三大 □□。

⑧ □□な経験をする。

⑨ □□式。
※「なまえ……けいしき」がありますが、べつなものがあります。いみにちゅういしてください。

⑩ お手紙を □□する。

⑪ なまれの人。

⑫ キリスト教の □□。

⑬ 神社に □□する。

⑭ □□を整理する。
※「整理する……後に残した死んだ人ののこした物が」

⑮ 神道に □□する。
※「かく……しんじる」「しんじる……しんこうしている」

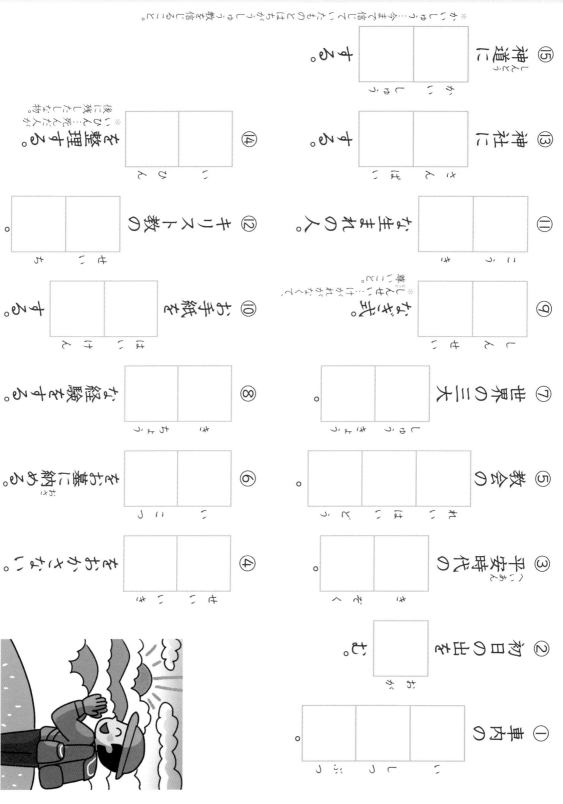

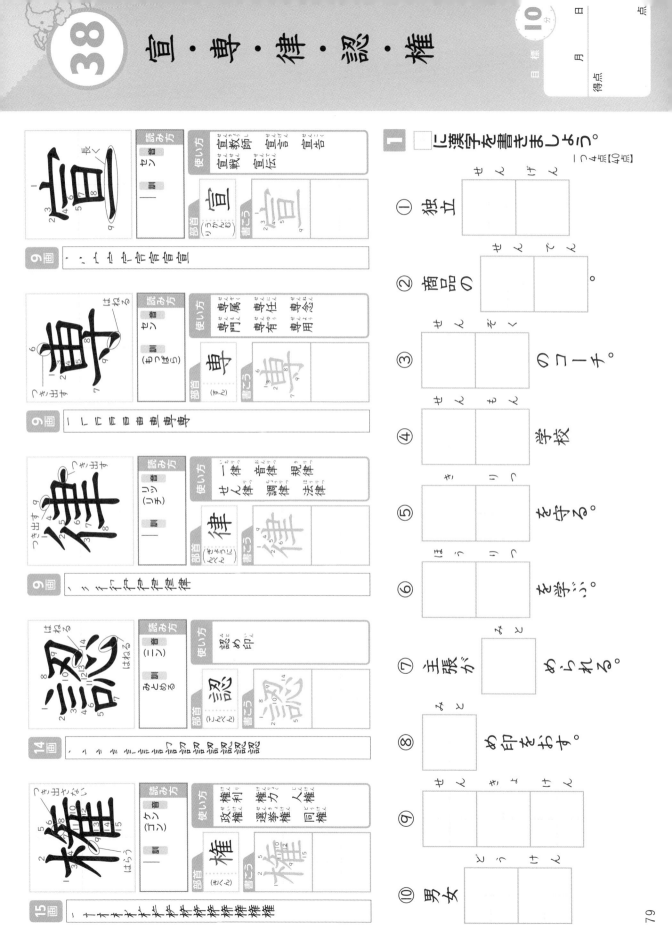

38　宣・専・律・認・権

宣 9画

読み方　音 セン／訓 ——

使い方　宣言　宣教師　宣誓　宣告　宣戦　宣伝　宣布

部首　宀（うかんむり）

書きじゅん　丶丶宀宀宇官官官宣

専 9画

読み方　音 セン／訓 （もっぱら）

使い方　専門　専属　専任　専念　専用　専有

部首　寸（すん）

書きじゅん　一厂戸百百車車専専

律 9画

読み方　音 リツ（リチ）／訓 ——

使い方　一律　音律　規律　調律　法律　律

部首　彳（ぎょうにんべん）

書きじゅん　丶彳彳彳律律律律律

認 14画

読み方　音 ニン／訓 みとめる

使い方　認める　認印

部首　言（ごんべん）

書きじゅん　言言言言言言認認認認認認認認

権 15画

読み方　音 ケン（ゴン）／訓 ——

使い方　政権　権利　権力　人権　選挙権　同権

部首　木（きへん）

書きじゅん　木木木木栌栌栌栌栌権権権権権権

1　□に漢字を書きましょう。

一つ4点【40点】

① 独立 [せん][げん]

② 商品の [せん][でん]。

③ [せん][ぞく] のコーチ。

④ [せん][もん] 学校

⑤ [き][りつ] を守る。

⑥ [ほう][りつ] を学ぶ。

⑦ 主張が [みと] められる。

⑧ [みと] め印をおす。

⑨ [せん][きょ][けん]

⑩ 男女 [どう][けん]

79

答え ▶ 110ページ

クイズ
「尊」の赤い部分は、何画目に書くのかな？
① 1
② 2
③ 6

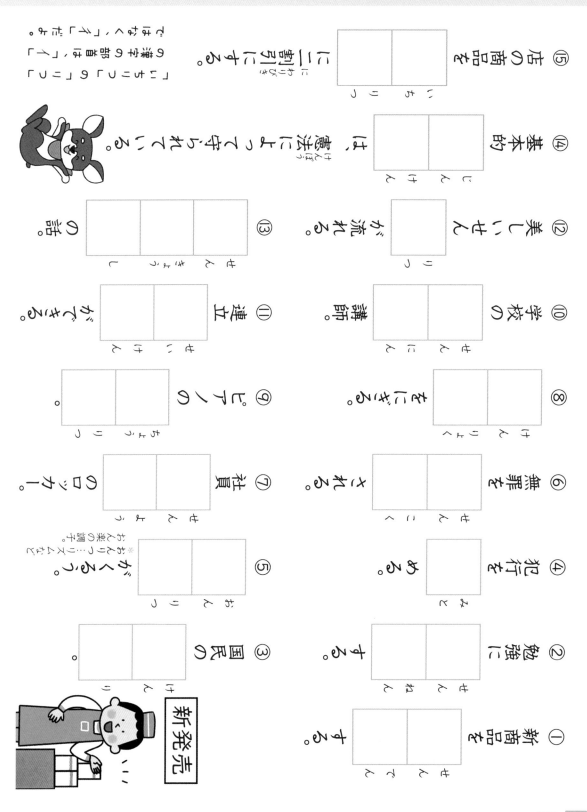

2 □にあてはまる漢字を書きましょう。　一つ5点【60点】

① 新商品を□□する。（せんでん）

② 勉強に□□□する。（せんねん）

③ 国民の□□。（けんり）　新発売

④ 犯行を□□める。（みとめる）

⑤ □□が楽しい。（おんがく）
　※おとなにんきなミュージックなど。

⑥ 無罪を□□する。（しょうめい）

⑦ 社員の□□□カー。（つうきん）

⑧ □□をにぎる。（けんりょく）

⑨ ピアノの□□□□。（はっぴょうかい）

⑩ 学校の□□師。（こうし）

⑪ 連立□□□ができる。（せいけん）

⑫ 美しい□□が流れる。（しらべ）

⑬ □□□□の話。（せんしゅう）

⑭ 基本的□□□は、憲法によって守られている。（じんけん）

⑮ 店の商品を□□にわり引きする。（いちわり）

この漢字の部首は、「イ」「ロ」「ハ」…は、漢字の部首の「にんべん」「こざとへん」など。

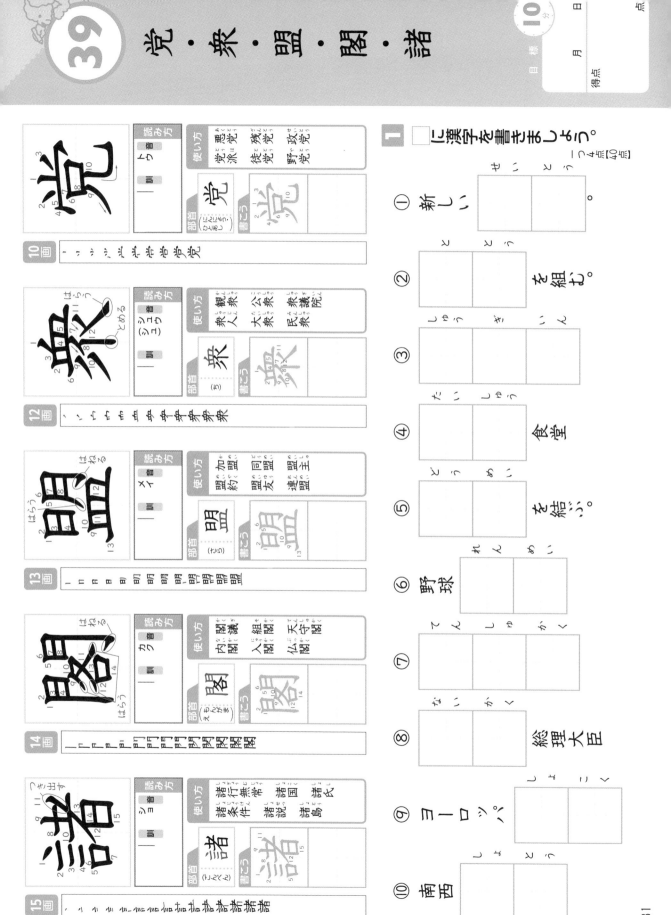

党　10画　一丷丷丷丷兴兴労党党
衆　12画
盟　13画
閣　14画
諸　15画

1 □に漢字を書きましょう。　一つ4点【40点】

① 新しい〔せいとう〕。
② 〔どうめい〕を組む。
③ 〔しゅうぎいん〕
④ 〔だいがくしょく〕食堂
⑤ 〔どうめい〕を結ぶ。
⑥ 野球〔れんめい〕
⑦ 〔てんしゅかく〕
⑧ 〔ないかく〕総理大臣
⑨ ヨーロッパ〔しょこく〕
⑩ 南西〔しょとう〕

クイズ 「盟」の部首は、どれかな？
① 日（ひ） ② 月（つき） ③ 皿（さら）

⑮ 人類の起源については□□がある。

⑭ 京都には多くの神社や□□がある。

※ ⑬ …社会などの仕組みが変わり、新しいものに変わること。

⑬ □□□□の世の中。

⑫ 総理大臣が□□する。

⑪ 同志が□□□。

⑩ □□をたくわえる。

⑨ □□の支持を得る。

⑧ 二つの国が□□。

⑦ □□を満たす。

⑥ □□を協力する。

⑤ 道徳を□□する。

④ □□が行われる。

※④ …相談する大臣が集まって国のことを会議すること。

③ 国連に□□する。

② 大□□の前で歌う。

① □□が結集する。

⑬の「しん」、⑭の「かく」は、上の部分が同じだよ。

目標 10分　月　日　得点　点

派 9画
読み方　音 ハ　訓 —
使い方　特派員　一派　党派　立派　宗派　派手
部首（さんずい）
、ソ汁汀沂沪派派

郷 11画
読み方　音 キョウ（ゴウ）　訓 —
使い方　故郷　帰郷　郷土　郷里　同郷　望郷
部首（おおざと）
く幺幺糸糸約網郷郷郷

策 12画
読み方　音 サク　訓 —（はねる）（はらう）
使い方　善後策　策略　散策　対策　改策　得策
部首（たけかんむり）
ノ ト ケ ⺮ ⺮ 竹 竿 竿 筜 笄 第 策

敵 15画
読み方　音 テキ　訓 —（かたき）（はねる）
使い方　敵地　好敵手　天敵　大敵　無敵　敵意
部首（のぶん ぼくづくり）
、 亠 十 一 古 古 南 商 商 商 商 敵 敵 敵 敵

「敵」は、「適」と似ていて、同じ音読みなので、注意してね。使いかたのちがいに気をつけよう。

1　□に漢字を書きましょう。
一つ4点【40点】

① とくは□いん

② は□で　な服装。

③ りっ□ぱ　な建物。

④ きょう□り　に帰る。

⑤ さん□さく　をしのぶ。

⑥ 海辺の　さん□さく　。

⑦ テスト　たい□さく　。

⑧ 油断　たい□てき　。

⑨ て□き□ち　をこうげき。

⑩ 天下　む□てき　。

2 □にあてはまる漢字を書きましょう。

一つ4点【60点】

① 待つのが□□だ。

② 対立側の□□と話す。
＊「こっぱ…同じような考えをもつ仲間。」

③ 夏休みに□□する。

④ □□と味方に分かれる。

⑤ □□をくらべる。

⑥ □□に帰る。

⑦ 仏教の□□を調べる。

⑧ □□に乗りこむ。

⑨ 国の外交□□。

⑩ □□にたよりにする。

⑪ □□の歴史を調べる。

⑫ □□の友人と会う。

⑬ 新聞社の□□。

⑭ 計画が失敗して、□□を相談する。
＊「ぜんさく…あることをうまくやりとげるための計画や方法。」

⑮ くらべかえるの□□だ。

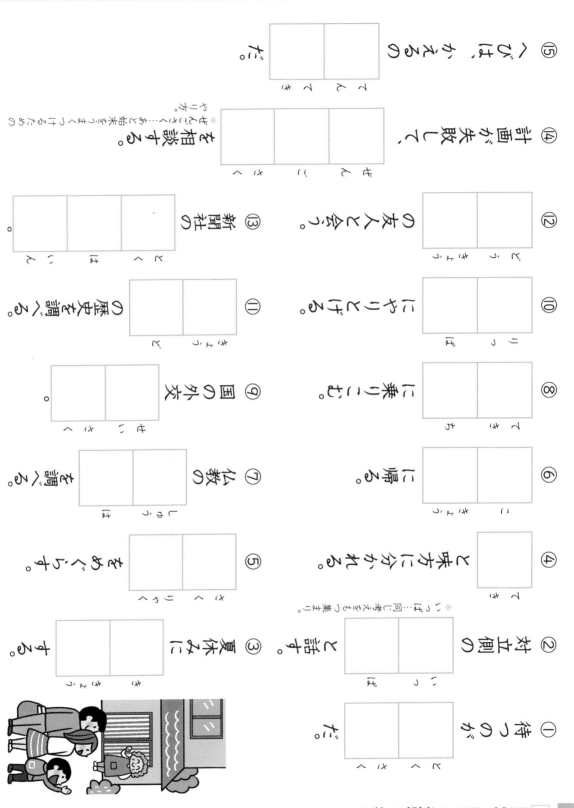

名前

1 □にあてはまる漢字を書きましょう。 一つ4点【40点】

① 大学で [は] [かせ い] を学ぶ。

② 世界各地の [しゅう かん] 。

③ [せい と う] を結成する。

④ オリンピックの [せい か] 。

⑤ 水害を防ぐ [たい さく] 。

⑥ 二つの国が [どう めい] を結ぶ。

⑦ [しゅう ぎ いん] の選挙。

⑧ 白神山地は世界 [い さん] だ。

⑨ 油断 [たい てき] だ。

⑩ 放送局の [とく は いん] 。

※油断たいてき…油断はおそろしいてきであるということ。

2 ——の言葉を、漢字と送りがなで（ ）に書きましょう。 一つ4点【12点】

① 仏様をおがむ。 （ ）

② 売上高の競争がはげしい。 （ ）

③ 自分のあやまちをみとめる。 （ ）

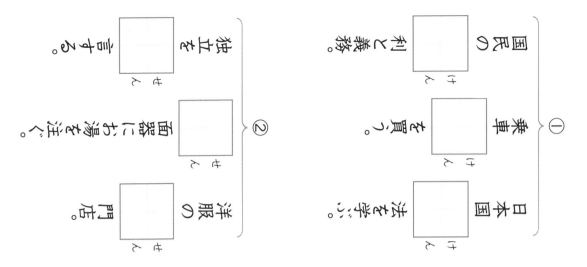

5 □に、同じ読み方で意味のちがう漢字を書きましょう。 1つ3点【18点】

① 国民の□けん利と義務。 ／ 乗車□けんを買う。 ／ 日本国□けん法を学ぶ。

② 独立を□せん言する。 ／ □せん面器にお湯を注ぐ。 ／ 洋服の□せん門店。

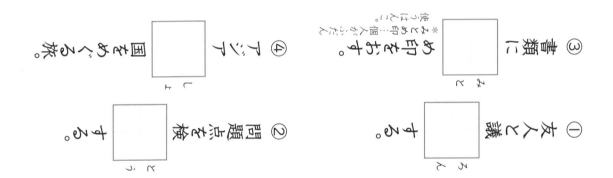

4 □に部首が「言（ごんべん）」の漢字を書きましょう。 1つ3点【12点】

① 友人と□ぎ論する。

③ 書類に□にん印をおす。
＊にん印…はんこのこと。使うときにおす。

② 問題点を検□とうする。

④ アジアの□しょ国をめぐる旅。

3 ——の漢字の読みがなを書きましょう。 1つ3点【18点】

⑤ 神社に参拝する。（　　　）
③ 夏休みに故郷に帰る。（　　　）
① 二人の意見が異なる。（　　　）

⑥ 見事な演技に感激する。（　　　）
④ 貴重な資源を守る。（　　　）
② 内閣総理大臣の演説。（　　　）

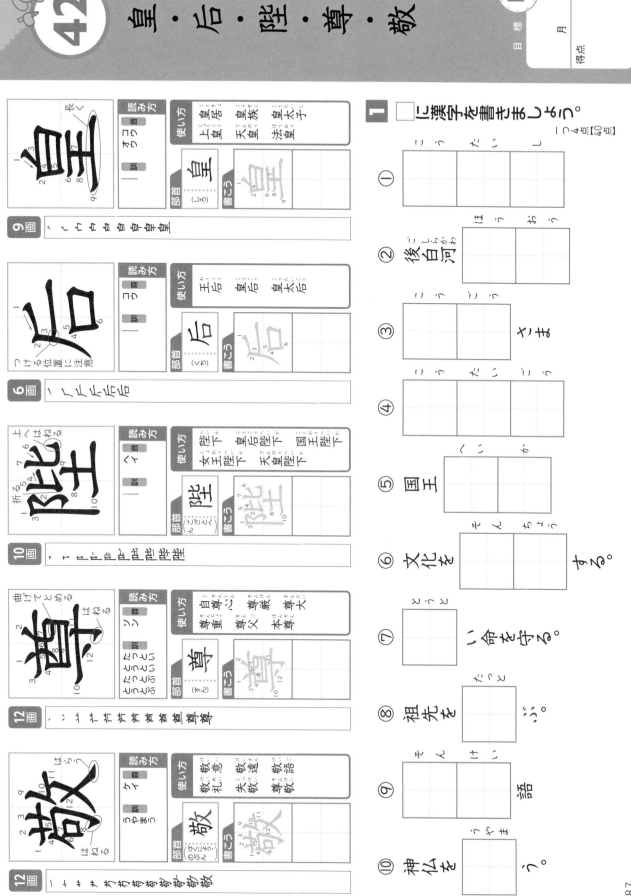

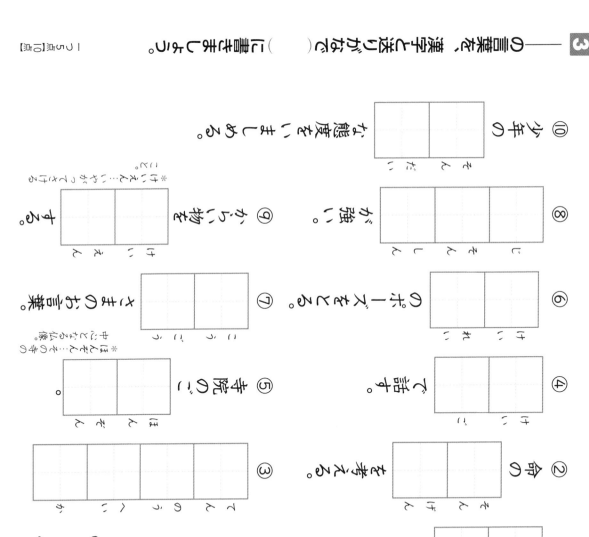

クイズ

「皇」を「こ」と読むのは、どれかな？
① 皇太子
② 法皇
③ 天皇

② 先生を____。
（　　　　　　　）

① 祖先を____という。
（　　　　　　　）

3 ──の言葉を、漢字と送りがな（　）に書きましょう。

1つ5点【10点】

⑩ 少年の□□な態度にこまる。

⑧ □□□が強い。

⑨ □□から物を…
＊「えん」はこちらでもよい
する。

⑦ □□ます。
＊「ほう」「ぼう」はこちら
のおう手のお言葉。

⑥ □□のポーズをとる。

⑤ 寺院の□□。

④ □□で話す。

③ □□□□。

② 命の□□を考える。

① □□の周辺。

② 「ほうそう」「ほう」、つつ
く、「ほう」にちゅう意。

2 □にあてはまる漢字を書きましょう。

1つ5点【50点】

宝

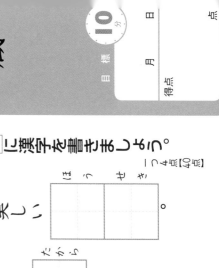

読み方
音 ホウ
訓 たから

使い方
国宝
宝石
宝探し
宝庫
宝物

部首 宀（うかんむり）

8画 　丶 丶 宀 宀 宇 宇 宝 宝

純

読み方
音 ジュン
訓

使い方
純金
純毛
単純
純情
不純
純真
純物

部首 糸（いとへん）

10画 　く 幺 幺 糸 糸 紀 紀 純 純 純

値

読み方
音 チ
訓 ね・あたい

使い方
値上げ
値打ち
数値
高値
値段

部首 イ（にんべん）

10画 　丿 イ イ 亻 佢 佔 佔 値 値 値

磁

読み方
音 ジ
訓

使い方
磁針
磁場
磁器
磁力
磁気
磁石

部首 石（いしへん）

14画 　一 ア 石 石 石 砂 砂 砂 磁 磁 磁 磁 磁 磁

蔵

読み方
音 ゾウ
訓 （くら）

使い方
土蔵
秘蔵
冷蔵庫
所蔵
貯蔵
蔵書

部首 艹（くさかんむり）

15画 　一 十 十 艹 芹 芹 芹 芹 芹 蔵 蔵 蔵 蔵 蔵 蔵

---

1 □に漢字を書きましょう。

一つ4点【40点】

① 美しい 　[ほう]　[せき] 。

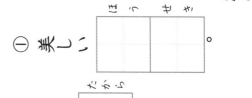

② 国の 　[たから] とされる城。

③ 　[じゅん]　[しょう] な人。

④ 　[じゅん]　[もう] のセーター。

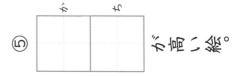

⑤ 　[か]　[ち] が高い絵。

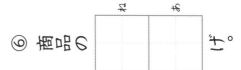

⑥ 商品の 　[ね]　[あ] げ。

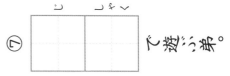

⑦ 　[じ]　[しゃく] で遊ぶ弟。

⑧ 方位 　[じ]　[しん] 。

⑨ お 　[じ]　[ぞう] さん

⑩ 　[れい]　[ぞう]　[こ]

クイズ
「絵」の赤い部分は、何画目に書くのかな？
① 7
② 8
③ 10

2 □にあてはまる漢字を書きましょう。

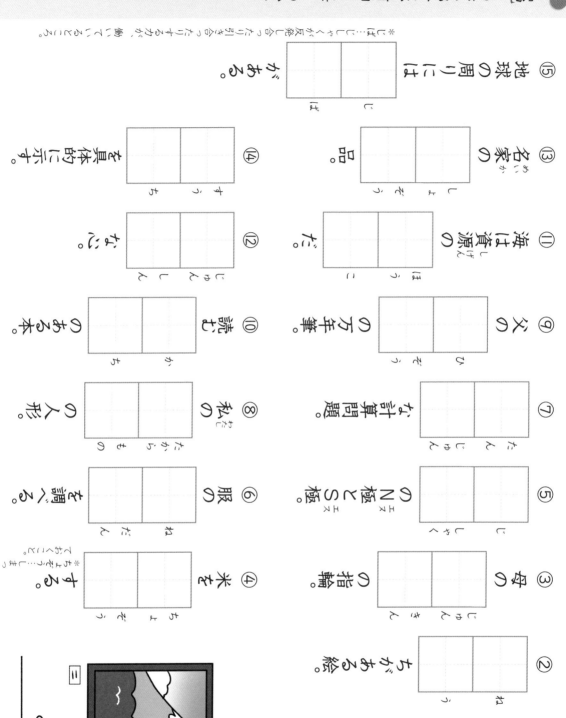

① □□の仏像。

② □□がある絵。

③ 母の□□指輪。

④ 米を□□する。
＊「でんぷん」…ですよ。

⑤ □□のN極とS極。

⑥ 服の□□を調べる。

⑦ □□な計算問題。

⑧ 私の□□□の人形。

⑨ 父の□□の万年筆。

⑩ 読む□□のある本。

⑪ 海は資源の□□だ。

⑫ □□な…。

⑬ 名家の□□品。

⑭ □□を具体的に示す。

⑮ 地球の周りには□□がある。
＊地球のN極にはS極が…には引き合う力、同じ極どうしは反発し合う力が働いていることにつながる。

並
読み方　音（ヘイ）／訓　なみ・ならべる・ならぶ・ならびに
使い方　七並べ／木を並べる／横並び／並製／五目並べ
部首　一（いち）
8画　一　丷　丷　立　立　立　並　並

棒
つける位置に注意
読み方　音　ボウ／訓　―
使い方　棒グラフ／鉄棒／平行棒／相棒／棒高とび／棒立ち
部首　木（きへん）
12画　一　十　扌　木　杧　枦　枦　柼　棒　棒

模
読み方　音　モ・ボ／訓　―
使い方　模型／模様／規模／模写／模造紙
部首　木（きへん）
14画　一　十　扌　木　杧　枦　枦　植　模　模

層
読み方　音　ソウ／訓　―
使い方　オゾン層／選手層／断層／階層／地層／高層
部首　尸（しかばね）
14画　一　コ　ユ　尸　尸　屈　屈　屑　層　層

縮
読み方　音　シュク／訓　ちぢむ・ちぢまる・ちぢめる・ちぢれる・ちぢらす
使い方　縮小／圧縮／縮図／収縮／短縮／縮尺
部首　糸（いとへん）
17画　く　幺　糸　糸　紵　紵　縮　縮

---

1 □に漢字を書きましょう。
一つ4点【40点】

① ［なみき］が続く道。

② 一列に［なら］ぶ。

③ 仕事の［あいぼう］。

④ ［てつぼう］で遊ぶ。

⑤ 自動車の［もけい］。

⑥ ［きぼ］が大きい。

⑦ ［こうそう］ビル。

⑧ ［ちそう］を調べる。

⑨ ［たんしゅく］授業

⑩ 毛糸が［ちぢ］む。

クイズ

「模」を「も」と読むのは、どれかな？
① 模型
② 規模
③ 模様

3 ——の言葉を、漢字と送りがな（　）に書きましょう。 1つ5点【10点】

② テーブルに皿を<u>ならべる</u>。
（　　　　　　　　　）

① かわ音を<u>たしかめる</u>。
（　　　　　　　　　）

⑩ この野球チームは、□□□が厚い。
（せ・ん・しゅ・う）

⑨ □を□グラフに表す。
（ほ・う）

⑧ 空気を□□する。
（あっ・しゅく）

⑦ 大□□な道路工事。
（き・ぼ）

⑥ トランプの□□□。
（し・ぜん・な）

⑤ □□でコピーをとる。
（しゅ・く・しょう）

④ とびこみの競技。
（ほ・う・だい・か）

③ 大□□が見られるだけ。
（だ・ん・たい）

② 名画を□□する。
（も・しゃ）

① □□の机。
（な・らび・せい）

「模」は「モ」とも読むよ。ぼくは「モケイ」がすきだよ。

2 □にあてはまる漢字を書きましょう。 1つ5点【50点】

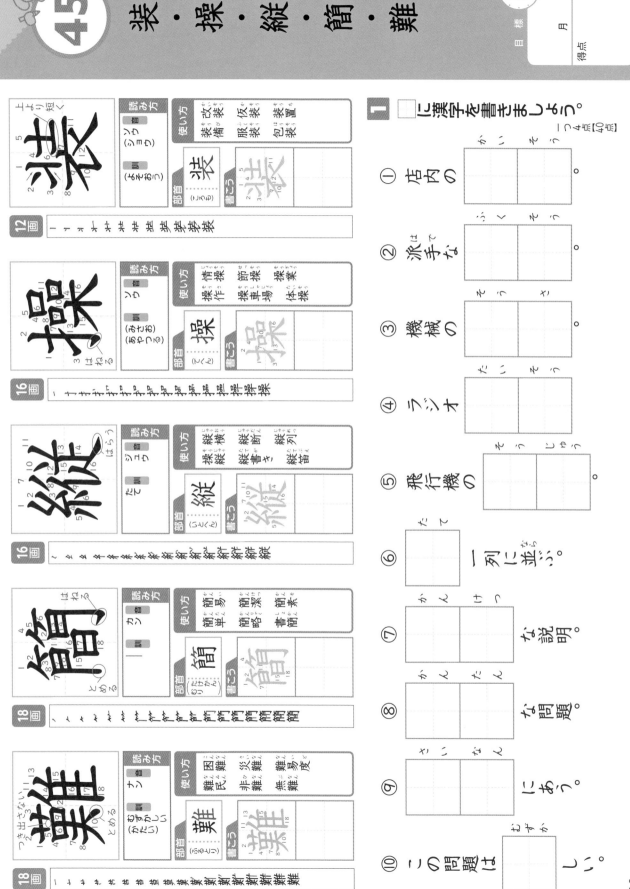

装・操・縦・簡・難

45

1 □に漢字を書きましょう。
一つ4点【40点】

① 店内の □□。

② 派手な □□。

③ 機械の □□。

④ ラジオ □□。

⑤ 飛行機の □□。

⑥ □て 一列に並ぶ。

⑦ □□ な説明。

⑧ □□ な問題。

⑨ □□ にあう。

⑩ この問題は □しい。

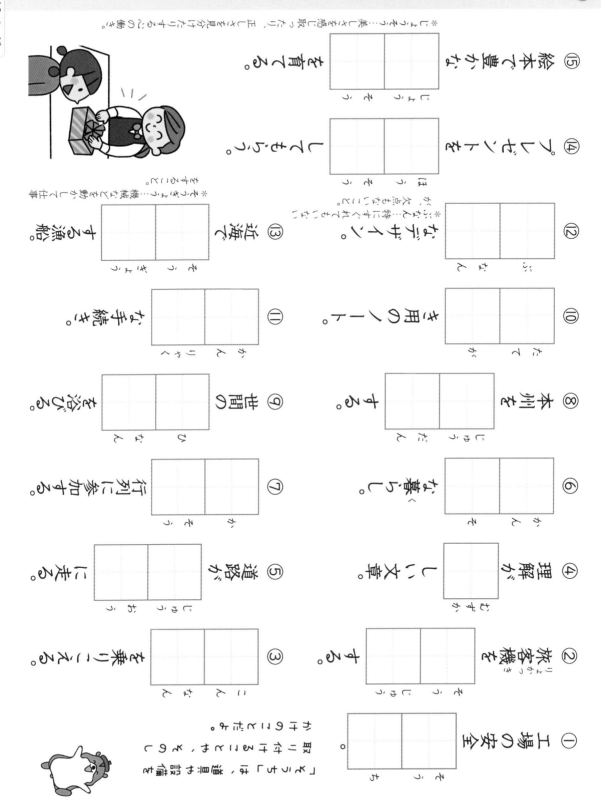

クイズ
「難」の赤い部分は、何画目に書くのかな？
① 12
② 13
③ 14

2 □にあてはまる漢字を書きましょう。
一つ4点【60点】

① 工場の安全□□。

② 旅客機を□□する。

③ □□を乗りこえる。

④ 理解が□□しい文章。

⑤ 道路が□□に走る。

⑥ □□し暮らし。

⑦ □□行列に参加する。

⑧ 本州を□□する。

⑨ 世間の□□を浴びる。

⑩ □□用のテント。

⑪ □□な手続き。

⑫ □□プレイ。
＊欠点もなくてよいこと。またそのようす。

⑬ 近海で□□する漁船。
＊その機械などを動かして仕事をすること。

⑭ プレゼントを□□しても。

⑮ 絵本で豊かな□□を育てる。
＊美しいものを見たりして正しく受け止めたりする心の働き。

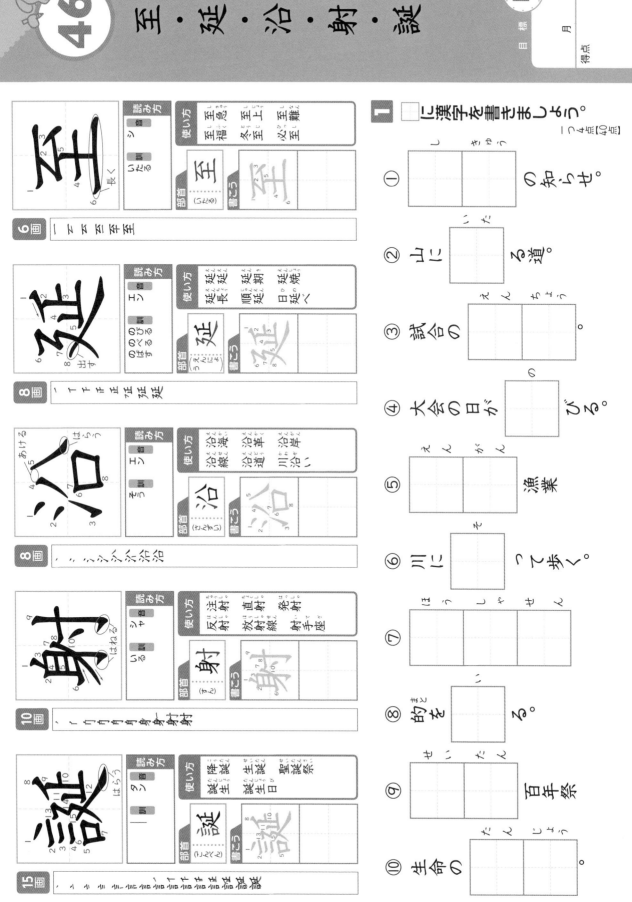

46 至・延・沿・射・誕

目標 10分

月　日　点

得点

至

読み方
音 シ
訓 いたる

使い方
至福 冬至 必至
至急 至上 至難

部首 至（いたる）

6画 一 Z 云 五 至 至

延

読み方
音 エン
訓 のびる・のべる・のばす

使い方
延長 順延 延期 日延べ
延焼

部首 廴（えんにょう）

8画 ノ T F 正 正 延 延

沿

読み方
音 エン
訓 そう

使い方
沿線 沿道 川沿い
沿海 沿革 沿岸

部首 氵（さんずい）

8画 氵 氵 氵 氵 沿 沿 沿 沿

射

読み方
音 シャ
訓 いる

使い方
反射 放射線 射手座
注射 直射 発射

部首 寸（すん）

10画 ノ r ｒ 自 自 身 身 射 射 射

誕

読み方
音 タン
訓 ―

使い方
誕生 誕生日 生誕
降誕 聖誕祭

部首 言（ごんべん）

15画 ゛ ゛ ゛ 言 言 言 言 言 訂 訨 証 証 証 誕 誕

---

1 □に漢字を書きましょう。
1つ4点【40点】

① し し゛ゅう の知らせ。

② 山に いた る道。

③ 試合の えん ちょう 。

④ 大会の日が の びる。

⑤ えん がん 漁業

⑥ 川に そ って歩く。

⑦ ほう しゃ せん

⑧ 的を い る。

⑨ せい たん 百年祭

⑩ 生命の たん じょう 。

95

クイズ

「至」の部首は、どれかな？
①「一」（いち） ②「土」（つち） ③「至」（いたる）

3 ──の言葉を、漢字と送りがな（ ）に書きましょう。 1つ5点【15点】

③ 東京より京都に（　　　　　　）。

② 出発時間を五分（　　　　　　）。

① 矢が的を（　　　　　　）。

（⑦の「とく」と⑧の「とく」は同じ部分があるよ。）

2 □□にあてはまる漢字を書きましょう。 1つ5点【45点】

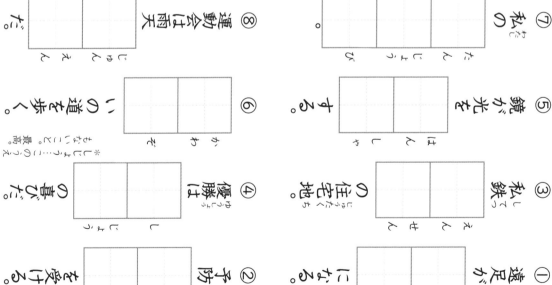

⑨ 母を説□□せるのは、□□のかいだけだ。
　*「親切」ではないことに注意。

⑧ 運動会は雨天□□だ。
（じゅん・えん）

⑦ 私の□□□する。
（たん・じょう・び）

⑥ □□の道を歩く。
（かわ・ぞ）
　*「さか」ではないことに注意。

⑤ 鏡が光を□□する。
（はん・しゃ）

④ 優勝は□□の喜びだ。
（さい・だい）
　*「最高の…」に注意。

③ 私鉄の□□の住宅地になる。
（えん・せん）

② 予防□□を受ける。
（ちゅう・しゃ）

① 遠足が□□になる。
（えん・き）

標目　月　日　点
得点

承

横ぼうは三本

読み方
音 ショウ
訓 うけたまわ（る）

使い方
伝え承る
承り
不承不承
口承
承知
承服

部首 （手 て）

※「承」は、漢字のどの部分が部首にあたるかを示すのがむずかしいため、部首のみを示してあります。

8画　一丁丁手手手承承

垂

読み方
音 スイ
訓 た（れる）た（らす）

使い方
両垂れ
下垂れ
胃垂れ
垂れ幕
垂線
垂直

部首 （土 つち）

8画　一二三千牟乖垂垂

退

読み方
音 タイ
訓 しりぞ（く）しりぞ（ける）

使い方
早退
引退
後退
退院
退場
辞退
退く

部首 （しんにょう・しんにゅう）

9画　フ ヨ ヨ 艮 艮 艮 退 退 退

朗

はね る

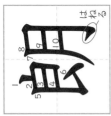

読み方
音 ロウ
訓 （ほが）らか

使い方
朗報
明朗
朗読
朗唱
朗々
朗読

部首 （月 つき）

10画　丶 ヽ ㇇ 自 自 良 朗 朗 朗 朗

「退く」の反対語は、「進む」。
部首が同じ「辶」で、似ているので、注意しましょうね。

1 □に漢字を書きましょう。

一つ4点【40点】

①  文学

② 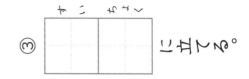 しない。

③  に立てる。

④ 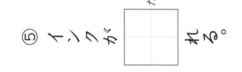 れの音。

⑤ インクが  れる。

⑥ 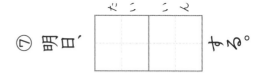 試合

⑦ 明日、 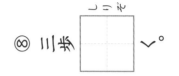 する。

⑧ 三歩 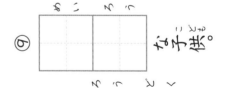 く。

⑨  な子供。

⑩ 詩を 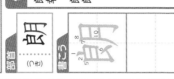 する。

クイズ
「車」の赤い部分は、何画目に書くのかな？
① 3
② 5
③ 7

3 ──の言葉を、漢字と送りがな（　）に書きましょう。
1つ5点【10点】

② 反対意見を**となえる**。
（　　　　　　）

① 感からロープを**たらす**。
（　　　　　　）

2 □にあてはまる漢字を書きましょう。
1つ5点【50点】

① 大売り出しの□□（ふだ）。

② 選手が□□（たいじょう）する。

③ □□（しょうち）のとおりです。

④ □□（やくにたつ）。

⑤ □□（したがう）。

⑥ 地域（ちいき）の文化の□□（でんしょう）。

⑦ □□（たがやす）。

⑧ 受賞を□□（じたい）する。

⑨ 合格の□□（ほうこく）が届く。

⑩ 集会に□□□□（□しょう□き）参加する。

*（①の「た」は、「垂」の「た」で、漢字は「垂」と似ています。）

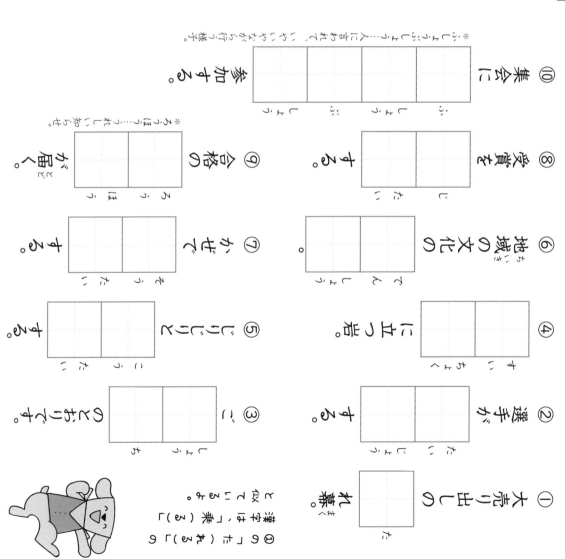

1 □にあてはまる漢字を書きましょう。　一つ4点【40点】

① 人命を [そんちょう] する。

② [てんのうくか]

③ [かんたん] に説明する。

④ [こうごう] さまのお言葉。

⑤ 準備 [たいそう] をする。

⑥ 新しい会が [たんじょう] した。

⑦ 客船の [もけい] 。

⑧ [れいぞうこ] に入れる。

⑨ [こくほう] の城の見学。

⑩ 方位 [じしん] を使う。
＊方位じしん…方角を示す右の□□□。

2 ――の言葉を、漢字と送りがなで（　）に書きましょう。　一つ4点【12点】

① 教室の机をならべる。　（　　　　）

② 野球大会の初戦でしりぞく。　（　　　　）

③ この本は、私にはむずかしい。　（　　　　）

99

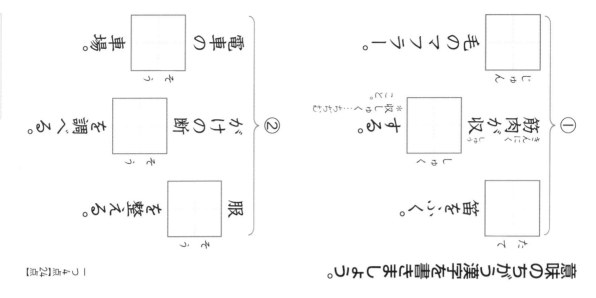

意味のちがいから漢字を書きましょう。

① 筋肉が収しゅうする
  *収収…しゅうする

- もののシシー。
- しめって □ を へらす。

② □ が △ の断を □う。
- 電車の車場。
- 服を整える。
- を調べる。

【1つ4点/24点】

5 ①の□には部首が「りっとう」の漢字を書き、②の□の（　）には同じ読み方の

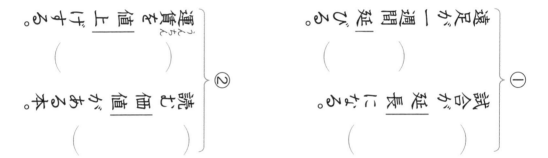

① 遠足が一週間延びる。（　）
  試合が延長になる。（　）

② 運賃を値上げする。（　）
  読む価値がある本。（　）

【1つ2点/8点】

4 ──の漢字の読みがなを書きましょう。

⑦ 棒を垂直に立てる。（　）
⑤ 沿岸をつつめ立てる。（　）
③ 至急、帰ってくるように。（　）
① かれは明朗な性格だ。（　）

⑧ その条件では承知しない。（　）
⑥ 平行棒の競技。（　）
④ 直射日光を浴びる。（　）
② 敬語を使って話す。（　）

【1つ2点/16点】

3 ──の漢字の読みがなを書きましょう。

名前

目標 15分　月　日　得点　点

1 □にあてはまる漢字は、○に入る漢字の一部です。それぞれの漢字を書きましょう。

1つ3点【24点】

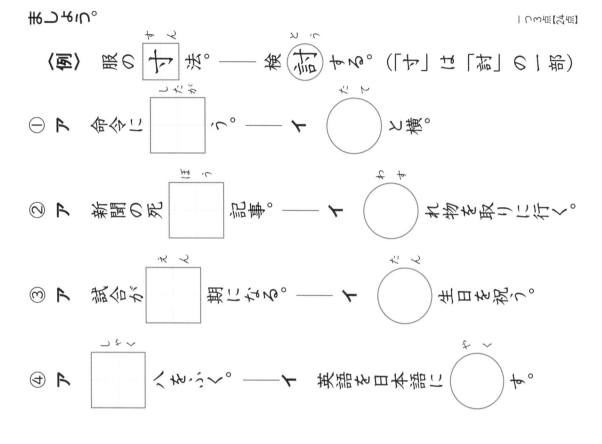

〈例〉 服の寸(すん)法。—— 検討(とう)する。（「寸」は「討」の一部）

① ア 命令に□(したが)う。—— イ ○(たて)と横。

② ア 新聞の死□(ほう)記事。—— イ ○(わす)れ物を取りに行く。

③ ア 試合が□(えん)期になる。—— イ ○(たん)生日を祝う。

④ ア □(しゃく)人をふく。—— イ 英語を日本語に○(やく)す。

2 ——の漢字の読みがなを（　）に書きましょう。

1つ1点【12点】

① ア バスの乗降口。（　　　）
　 イ 電車から降りる。（　　　）
　 ウ 雨が降る。（　　　）

② ア 閉店時間（　　　）
　 イ 本を閉じる。（　　　）
　 ウ 窓(まど)を閉める。（　　　）

③ ア 水の供給。（　　　）
　 イ 墓に花を供える。（　　　）
　 ウ 父のお供をする。（　　　）

④ ア 物語の背景。（　　　）
　 イ 背のびする。（　　　）
　 ウ 背比べする。（　　　）

5 次の言葉と反対の意味の言葉になるように、□に漢字を書きましょう。【1つ3点/12点】

① 表 ↔ □

② 縮小 ↔ □□

③ 明ける ↔ □れる

④ 複雑 ↔ □単

---

4 次の読み方をする、□にあてはまる漢字を書きましょう。【1つ3点/24点】

① せん……□
　ア 門家の意見。
　イ 新商品の□伝。

② さい……□
　ア 判所の見学。
　イ 借金を返□。

③ しゃ……□
　ア ロケットの発□。
　イ 四□五入する。

④ ゆう……□
　ア 便局に行く。
　イ 大会で勝する。

---

3 □にあてはまる、体に関係のある漢字を書きましょう。【1つ4点/28点】

① □（のう）の働き。

② □（むね）がどきどきする。

③ □□（い・ちょう）の薬を飲む。

④ □□（せ・ほね）を痛める。

⑤ □□（ふく・つう）をおさえる。

⑥ □□（はい・ぞう）の検査。

名前

1 次の言葉が文の意味に合うように、それぞれ熟語を□に書きましょう。

一つ4点【32点】

① じくそう

ア アパートの□□。

イ □□的な絵。

② しょうがい

ア 事件が起きる。

イ 物を除く。

③ せいこう

ア □□を結成する。

イ 工場で働く。

④ かんげき

ア かん謝□□。

イ □□がしゅみだ。

2 ──の言葉を、漢字と送りがなで（　）に書きましょう。

一つ6点【18点】

① じゃ口からしずくがたれる。　　（　　　）

② 図書館で読んだ本をさがす。　　（　　　）

③ 会長の地位をしりぞく。　　　　（　　　）

103

4 ——の言葉を、漢字と送りがなで〔 〕に書きましょう。【3つ】【30点】

① このセーターは、〔ア あらう 〕と〔イ ちがう 〕かたちが。

② 〔ア あやまり 〕をみとめて、〔イ あらためる 〕発言について、説明を〔ウ おこなう 〕。

③ 〔ア おさない 〕子が、車が多くて横断に〔イ 注意した 〕。むずかしい道路を〔ウ わたった 〕。

④ この材料で布を〔ア そめる 〕ことができる。

---

3 ——の漢字の読みがなを書きましょう。【2つ】【20点】

④
ア 包帯を巻く。（　　　）
イ 絵巻物（　　　）
ウ 全集の全巻。（　　　）

③
ア 雪を頂く山へ。（　　　）
イ 山の頂。（　　　）
ウ 三角形の頂点。（　　　）

②
ア 生物が存在する星。（　　　）
イ 冷蔵庫に保持する。（　　　）

①
ア 海辺で潮風を受ける。（　　　）
イ 世の中の風潮。（　　　）

答えとアドバイス

▶まちがえた問題は、もう一度やり直しましょう。

▶ 0アドバイス を読んで、参考にしてください。

① 寸・尺・穴・針　5〜6ページ

1　①寸前　②寸法　③一尺　④尺　⑤穴
　⑥節穴　⑦横穴　⑧秒針　⑨方針　⑩針金

2　①寸断　②大穴　③尺　④寸分　⑤針仕事
　⑥長針　⑦尺度　⑧採寸　⑨風穴　⑩穴
　⑪寸劇　⑫方針　⑬尺八　⑭縮尺　⑮針葉樹

クイズ　②

② 干・収・納・洗・窓　7〜8ページ

1　①干　②虫干　③収集　④収　⑤収納　⑥納
　⑦洗面器　⑧洗　⑨同窓会　⑩窓

2　①回収　②納入　③水洗　④車窓　⑤物干
　⑥洗練　⑦納品　⑧収入　⑨窓口

3　①洗う　②収まる（納まる）　③納まる

クイズ　②

③ 己・我・私・忘・欲　9〜10ページ

1　①自己　②利己的　③我　④我先　⑤私鉄
　⑥私　⑦忘　⑧度忘　⑨食欲　⑩欲望

2　①忘　②意欲　③忘　④私語　⑤利己主義
　⑥我我（我々）　⑦私事　⑧物忘　⑨私欲
　⑩欲求　⑪我　⑫自己　⑬私有　⑭無欲
　⑮公私

クイズ　②

④ 幼・供・若・姿　11〜12ページ

1　①幼虫　②幼子　③幼　④供給　⑤供
　⑥子供　⑦若手　⑧若若（若々）　⑨姿勢
　⑩姿

2　①勇姿　②提供　③若葉　④幼児　⑤容姿
　⑥若者　⑦自供　⑧姿　⑨幼少

3　①若い　②供える　③幼い

クイズ　③

⑤ かくにんテスト①　13〜14ページ

1　①私　②子供　③梅干　④納税　⑤穴
　⑥若草　⑦寸法　⑧収録　⑨欲望　⑩自己流

2　①洗う　②幼い　③忘れる

3　①われ　②じゃく　③ようじ　④ぞな
　⑤せんがん　⑥わか

4　①ほうしん・はりがね
　②どうそうかい・てまど

5　①私・忘・姿　②治・収・納

0アドバイス

1　③「干」は、「千」と形が似ているので、注意しましょう。

5　②「納める」は、「お金や品物をわたす」意味で、「納税」の熟語で覚えましょう。

⑥ 宇・宙・秘・密・探　15〜16ページ

1　①宇宙　②宇宙人　③宙返　④秘境　⑤秘伝
　⑥精密　⑦秘密　⑧密林　⑨探求　⑩探
　⑪宇宙遊泳　②神秘　③親密　④探査

2　①宇宙遊泳　②神秘　③親密　④探査
　⑤秘書　⑥密接　⑦探検（探険）　⑧宇宙船
　⑨秘話　⑩宝探　⑪探訪　⑫秘策　⑬探知
　⑭密度　⑮宇宙飛行士

クイズ　①

⑦ 亡・舌・乱・呼・吸　17〜18ページ

1　①興亡　②死亡　③舌打　④舌　⑤乱雑
　⑥乱　⑦呼　⑧吸収　⑨呼吸　⑩吸

2　①混乱　②舌足　③吸引　④点呼　⑤亡命
　⑥吸入　⑦乱暴　⑧舌　⑨亡

3　①呼ぶ　②吸う　③乱す

クイズ　②

0アドバイス

1　⑨「呼吸」の「呼」と「吸」は、両方とも口の働きと関係があり、「口（くちへん）」です。

右半分

11　25〜26ページ　仁・忠・孝・恩・誠

クイズ ③

アドバイス
⑤・⑥「孝」は「考」と形がにているので注意しましょう。

1
①仁愛 ②仁義 ③仁人 ④忠犬 ⑤忠告 ⑥親子 ⑦恩返 ⑧恩人 ⑨忠告 ⑩忠誠 ⑪孝行

2
①親子 ②仁義 ③実行 ④恩人 ⑤親孝 ⑥恩知 ⑦忠告 ⑧恩知 ⑨忠告 ⑩誠意 孝行

アドバイス
⑮仁術 ⑭誠意 ⑬忠告 ⑫恩義 ⑪親不 ⑩忠誠 ⑨恩知 ⑧忠告 ⑦忠告 ⑥親不 ⑤忠孝 ④誠実 ③実 ②忠恩 ①仁愛 謝恩会

10　23〜24ページ　くんくんテスト②

クイズ ③

1
①上場 ②宇宙 ③系図 ④呼吸 ⑤秘密 ⑥入場 ⑦探求 ⑧舌足 ⑨系図

2
①呼ぶ ②乱れる ③除 ④採 ⑤四捨五入

3
①秘 ②はかる ③だたうしょうてん ④たんけん ⑤たんほう ⑥はんじょう

4
①たんれん ②せじ ③こしょう ④たまひろ ⑤ひみつ ⑥かいだん

5
①採 ②捨

6
階段・売券・宇宙・神秘

9　21〜22ページ　俵・糸・枚・券・候

クイズ ③

1
①一俵 ②二枚 ③家系 ④乗車券 ⑤米俵 ⑥一俵

2
①数俵 ②回数券 ③数枚 ④事 ⑤土俵 ⑥大枚 ⑦分俵 ⑧土俵 ⑨系統 ⑩土俵

アドバイス
⑮銀河系 ⑭売券 ⑬炭俵 ⑫分俵 ⑪数俵 ⑩定期券 ⑨系統 ⑧回数 ⑦系俵 ⑥系図 ⑤大枚

俵・糸・枚・券・候

8　19〜20ページ　片・処・段・除・捨

クイズ ③

1
①段落 ②片方 ③処分 ④処分 ⑤石段 ⑥片付

2
①五人 ②四捨 ③片側 ④段階 ⑤階段 ⑥手段 ⑦処置 ⑧片 ⑨石段 ⑩階段

3
①捨て ②除く ③解決 ④処理 ⑤除去 ⑥除雪 ⑦除 ⑧処分 ⑨取方 ⑩処分

片・処・段・除・捨

左半分

15　33〜34ページ　くんくんテスト③

クイズ ①

1
①胃薬 ②新 ③孝事 ④大 ⑤火山灰 ⑥親孝 ⑦染薬 ⑧頭脳 ⑨忠実 ⑩胃腸 仁愛

2
①筋肉 ②誠意 ③胸囲 ④親孝 ⑤絹織物 ⑥筋活量 ⑦染薬 ⑧脳 ⑨忠実 ⑩器官 移植

3
①胃 ②脳 ③すじ ④肺 ⑤こい ⑥むね・はら ⑦臓・ねむ・せなか

アドバイス
部首が「月(にくづき)」に関係があり、体の部分や状態に関係する漢字は「心(りっしんべん)」の部分を「丸」と書かないように注意しましょう。

14　31〜32ページ　胸・脳・腸・腹・臓

クイズ ②

1
①胸囲 ②大腸 ③脳 ④頭脳 ⑤胃腸 ⑥胸 ⑦胸部 ⑧腹 ⑨心臓 ⑩臓器

2
①大腸 ②首脳 ③大腸 ④腹 ⑤臓器 ⑥直腸 ⑦腹痛 ⑧胸波 ⑨腹 ⑩内臓 ⑪胸焼

アドバイス
⑮小腸 ⑭腹部 ⑬中 ⑫胸 ⑪山腹 ⑩内臓 ⑨心 ⑧胸 ⑦腹部 ⑥胸囲 ⑤胸焼 胸・脳・腸・腹・臓

13　29〜30ページ　胃・肺・背・骨・筋

クイズ ②

1
①背骨 ②鉄骨 ③骨 ④骨 ⑤筋活 ⑥胃腸 ⑦胃波 ⑧胃活 ⑨肺 ⑩肺病 筋

2
①骨休 ②胃腸 ③上背 ④背中 ⑤筋道 ⑥背比 ⑦背骨 ⑧背骨 ⑨背折 ⑩肺 ⑪背後

アドバイス
⑮肺活量 ⑭骨格 ⑬上背 ⑫背筋 ⑪臓 ⑩胃薬 ⑨背 ⑧肺筋 ⑦背骨 ⑥肺 ⑤筋 ⑭鉄骨 胃・肺・背・骨・筋

12　27〜28ページ　灰・革・染・奏・絹

クイズ ③

1
①灰色 ②灰皿 ③灰皿 ④皮革 ⑤染 ⑥変革

2
①染 ②絹色 ③改 ④絹織物 ⑤染 ⑥灰皿 ⑦染 ⑧灰 ⑨絹糸 ⑩灰 ⑪灰色

アドバイス
⑮生命 ⑭革命 ⑬絹織 ⑫染 ⑪変革 ⑩新 ⑨絹糸 ⑧絹糸 ⑦染 ⑥変革 ⑤火山灰 絹

灰・革・染・奏・絹

アドバイス
⑤・⑥「染」の「九」の部分を、「丸」と書かないように注意しましょう。

1 ①温泉 ②泉 ③株 ④株価 ⑤頂上 ⑥頂
⑦起源 ⑧源 ⑨街路樹 ⑩樹立
2 ①果樹園 ②泉 ③登頂 ④源流 ⑤株
⑥樹木 ⑦源 ⑧絶頂 ⑨成長株 ⑩資源
⑪頂 ⑫頂 ⑬株式会社 ⑭源泉 ⑮落葉樹
クイズ ②

1 ①困難 ②困 ③共済 ④済 ⑤勤勉 ⑥勤
⑦主将 ⑧将来 ⑨臨海 ⑩臨時
2 ①通勤 ②困苦 ③経済 ④武将 ⑤勤務
⑥返済 ⑦救済 ⑧転勤 ⑨臨機応変
3 ①済む ②困る ③勤める
クイズ ②
アドバイス
1 ⑨・⑩「臨」の「臣」の部分を、「巨」と書かないように注意しましょう。

1 ①警告 ②警報 ③視野 ④視力 ⑤警視庁
⑥県庁 ⑦候補 ⑧補 ⑨警察署 ⑩部署
2 ①重視 ②補給 ③警護 ④署長 ⑤官庁
⑥補強 ⑦無視 ⑧署名 ⑨警備 ⑩補
⑪補足 ⑫視点 ⑬警察官 ⑭片舎 ⑮消防署
クイズ ③
アドバイス
1 ⑦・⑧「補」の部首は、「ネ(しめすへん)」ではなく、「ネ(ころもへん)」です。

1 ①合否 ②否決 ③推進 ④推理 ⑤裁判
⑥裁 ⑦疑念 ⑧疑 ⑨誤解 ⑩誤
2 ①否定 ②裁決 ③推量 ④疑問 ⑤裁断
⑥賛否 ⑦誤字 ⑧推移 ⑨半信半疑
3 ①裁く ②誤る ③疑う
クイズ ②

1 ①済 ②将来 ③頂点 ④警視庁 ⑤裁
⑥街路樹 ⑦否定 ⑧消防署 ⑨推理
⑩臨場感
2 ①誤る ②補う ③頂く
3 ①でんけん・みなもと ②おんせん・こずみ
③きんぞく・こと ④こん・いま
4 ①樹 ②株
5 ①片・頂 ②署・署 ③誤・護 ④裁・済
アドバイス
2 「誤る」を「誤まる」、「補う」を「補なう」、「頂く」を「頂だく」としないように注意。

1 ①異常 ②異 ③検討 ④討幕 ⑤結論
⑥言論 ⑦急激 ⑧激 ⑨憲章 ⑩護憲
2 ①憲法 ②異性 ③感激 ④議論 ⑤合憲
⑥異 ⑦激 ⑧討議 ⑨論理的 ⑩激減
⑪異変 ⑫討論 ⑬立憲政治 ⑭検討
⑮激流
クイズ ②
アドバイス
1 ②「異なる」は、「同じでなく、ちがう」という意味です。
③「検討」は、同音異義語の「見当」と使い分けましょう。「検討」は、「細かく調べて、それでよいか考えること」で、「見当」は、「たぶんこうだろうと予想すること」です。

1 ①宗教 ②宗徒 ③拝観 ④拝 ⑤貴金属
⑥貴重 ⑦神聖 ⑧聖火 ⑨遺産 ⑩遺伝
2 ①遺失物 ②拝 ③貴族 ④聖城 ⑤礼拝堂
⑥遺骨 ⑦宗教 ⑧貴重 ⑨神聖 ⑩拝見
⑪高貴 ⑫聖地 ⑬参拝 ⑭遺品 ⑮改宗
クイズ ①
アドバイス
2 ③・⑧・⑪「貴」は、同じ部分をもつ⑪「遺」と区別しましょう。読み方もちがいます。

38 官・律・認・権 79〜80ページ

1
① 宣言　② 法律　③ 認（みと）　④ 規律　⑤ 専門
⑥ 宣告　⑦ 官伝　⑧ 官庁　⑨ 認（みと）　⑩ 同権

2
① 宣伝　② 専念　③ 確認　④ 権利　⑤ 選権
⑥ 宣伝　⑦ 専用　⑧ 認　⑨ 権力　⑩ 専属
⑪ 官言　⑫ 規律　⑬ 教師　⑭ 人権　⑮ 一律

3
① 政権告　⑥ 宣告　⑦ 律　⑧ 認　⑨ 音律　⑩ 調律
⑪ 権　⑫ 専任　⑬ 一律　⑭ 人権　⑮ 官

---

39 党・盟・衆・閣・諸 81〜82ページ

1
① 政党　② 従（したが）　③ 衆議院　④ 内閣　⑤ 諸国
⑥ 連盟　⑦ 天守閣　⑧ 加盟　⑨ 民衆　⑩ 同盟

2
① 野党　② 従　③ 閣議　④ 諸島　⑤ 公衆
⑥ 組閣　⑦ 観衆　⑧ 同盟　⑨ 民衆　⑩ 諸悪
⑪ 党派　⑫ 諸条件　⑬ 諸行無常　⑭ 仏閣　⑮ 盟約

3
① 党　② 加盟　③ 同盟　④ 閣議　⑤ 衆

---

40 派・策・郷・敵 83〜84ページ

1
① 特派員　② 対策　③ 帰郷　④ 郷里　⑤ 敵
⑥ 派手　⑦ 一派　⑧ 敵　⑨ 敵意　⑩ 政敵

2
① 得策　② 宗派　③ 敵地　④ 郷　⑤ 善後策
⑥ 同郷　⑦ 派　⑧ 敵　⑨ 政策　⑩ 立派
⑪ 故郷　⑫ 宗派　⑬ 派　⑭ 特派員　⑮ 天敵

アドバイス

天守閣　「天」「閣」は、昔、日本の城の中でいちばん高い建物のことをへて、「天守閣」は、いちばん目立つところにいるという意味にもつかいます。

---

41 かくにんテスト⑧ 85〜86ページ

1
① 法律　② 認　③ 政党　④ 聖火　⑤ 対策
⑥ 株権　⑦ 宗教　⑧ 遺産　⑨ 大敵　⑩ 同盟
⑪ 専門　⑫ 衆議院　⑬ 政党　⑭ 宣言　⑮ 意志

2
① キンと　② げきし　③ 激　④ みとめる
⑤ きんかへん　⑥ しき

3
① 拝む　② 認める　③ 認める

4
① 論　② 計　③ 認　④ 音　⑤ 派

5
① 意　② 権　③ 専　④ 誤

---

42 皇・后・歴・尊・敬 87〜88ページ

1
① 皇太子　② 皇　③ 皇　④ 皇后　⑤ 皇后
⑥ 尊　⑦ 法皇　⑧ 尊　⑨ 尊　⑩ 大后

2
① 皇居　② 尊重　③ 天皇　④ 尊　⑤ 皇后
⑥ 敬礼　⑦ 尊厳　⑧ 歴代　⑨ 敬　⑩ 尊敬
⑪ 単純　⑫ 自尊心　⑬ 皇后　⑭ 敬語　⑮ 情操

3
① 敬う　② 尊い

アドバイス

歴　「歴」は、「暦」と形が似ているので、注意しましょう。

---

43 宝・純・値・磁・蔵 89〜90ページ

1
① 宝石　② 値上　③ 純情　④ 純毛　⑤ 価値
⑥ 値段　⑦ 単純　⑧ 磁石　⑨ 貯蔵　⑩ 冷蔵

2
① 国宝　② 純打　③ 磁　④ 地蔵　⑤ 厚
⑥ 値　⑦ 宝物　⑧ 純金　⑨ 磁針　⑩ 純
⑪ 宝庫　⑫ 総算　⑬ 所蔵　⑭ 数値　⑮ 磁場

アドバイス

---

44 並・棒・様・層・縮 91〜92ページ

1
① 並木　② 規模　③ 相　④ 鉄棒　⑤ 模型
⑥ 並　⑦ 高層　⑧ 棒　⑨ 地層　⑩ 縮

2
① 並　② 高層　③ 断層　④ 様　⑤ 短縮
⑥ 並　⑦ 模写　⑧ 圧縮　⑨ 様相　⑩ 縮
⑪ 縮　⑫ 模型　⑬ 模様　⑭ 様　⑮ 手層

3
① 縮　② 並

---

45 装・操・縦・簡・難 93〜94ページ

1
① 改装　② 服装　③ 操　④ 体操　⑤ 縦
⑥ 装　⑦ 操縦　⑧ 簡単　⑨ 災難　⑩ 縦

2
① 装置　② 簡潔　③ 簡単　④ 難　⑤ 難
⑥ 簡素　⑦ 仮装　⑧ 縦断　⑨ 非難　⑩ 難
⑪ 簡略　⑫ 無難　⑬ 操縦　⑭ 包装　⑮ 情操

③ 縦書き　⑭（批）判　⑮ 横

46 至・延・沿・射・誕　95～96ページ

1 ①至急 ②至 ③延長 ④延 ⑤沿岸 ⑥沿 ⑦放射線 ⑧射 ⑨生誕 ⑩誕生

2 ①延期 ②注射 ③沿線 ④至上 ⑤反射 ⑥川沿 ⑦誕生日 ⑧順延 ⑨至難

3 ①射る ②延ばす ③至る

クイズ ③

○アドバイス

2 ①・⑧「延」は、同じ部分をもつ⑦「誕」と区別しましょう。読み方もちがいます。

47 承・垂・退・朗　97～98ページ

1 ①口承 ②承知 ③垂直 ④両垂 ⑤垂 ⑥引退 ⑦退院 ⑧退 ⑨明朗 ⑩朗読

2 ①垂 ②退場 ③承知 ④垂直 ⑤後退 ⑥伝承 ⑦早退 ⑧辞退 ⑨朗報 ⑩不承不承

3 ①垂らす ②退ける

クイズ ③

○アドバイス

2 ⑨「朗」の「良」の部分を「良」と書かないように注意しましょう。

3 ①「垂らす」を「垂す」としないように注意。

48 かくにんテスト⑨　99～100ページ

1 ①尊重 ②天皇陛下 ③簡単 ④皇后 ⑤体操 ⑥誕生 ⑦模型 ⑧冷蔵庫 ⑨国宝 ⑩磁針

2 ①並べる ②退く ③難しい

3 ①めいろう ②けごん ③しちゅう ④ちょくしゃ ⑤えんがん ⑥くにごぼ ⑦すいちょく ⑧しょうち

4 ①えんちょう・の ②かち・ねあ

5 ①縦・縮・純 ②装・層・操

○アドバイス

1 ⑧「蔵」は、同じ部分をもつ「臓」とまちがえないようにしましょう。

2 ②「退く」を「退ぞく」、③「難しい」を「難がしい」としないように注意しましょう。

49 まとめテスト①　101～102ページ

1 ①ア従 イ縦 ②ア亡 イ忘 ③ア延 イ誕 ④ア尺 イ訳

2 ①アじゅう イお ウぶ ②アくに イと ウし ③アきょう イそな ウとも ④アはい イせ ウせい

3 ①脳 ②胸 ③胃腸 ④背骨 ⑤腹筋 ⑥臓・肺

4 ①ア専 イ宣 ②ア裁 イ済 ③ア射 イ捨 ④ア郵 イ優

5 ①裏 ②拡大 ③著 ④簡

○アドバイス

3 「脳・胸・胃・腸・背・腹・臓・肺」の部首は、「月(にくづき)」です。「骨」の部首は「骨(ほね)」で、「筋」の部首は、「⺮(たけかんむり)」なので注意しましょう。

50 まとめテスト②　103～104ページ

1 ①ア独奏 イ独創 ②ア傷害 イ障害 ③ア政党 イ製糖 ④ア感激 イ観劇

2 ①垂れる ②探す ③退く

3 ①アしおが イふうちょう ②アそんざい イほぞん ③アこだ イいただ ウちょうもん ④アまく イえまきもの ウせんがん

4 ①ア洗う イ縮む ②ア誤り イ認める ウ補う ③ア幼い イ難しい ウ厳しく ④ア染める イ疑う

○アドバイス

1 同音異義語は、意味のちがいに注意して使い分けましょう。

3 ②「存」には、「ソン」と「ゾン」の二つの似た読み方があるので注意しましょう。

4 ③ウ「厳」の「耳」の部分を「目」と書かないようにしましょう。
④イ「疑う」を「疑がう」としないように注意しましょう。